KB134595

처음읽는
음식의세계사

SHITTEOKITAI「SHOKU」NO SEKAISHI

© Masakatsu MIYAZAKI 2011
First published in Japan in 2011 by KADOKAWA CORPORATION, Tokyo.
Korean translation rights arranged with KADOKAWA CORPORATION, Tokyo
through ENTERS KOREA CO., LTD.

식탁 위에 놓인
인류 역사 이야기

처음읽는
음식의세계사

• 미야자키 마사카츠 지음 | 한세희 옮김 •

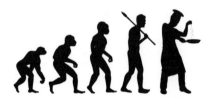

탐나는책

차례

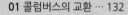

식탁 위의 대극장

식탁 위를 가로지르는 세계사가 있다고 한다면 너무 거창하게 들
릴까? 요리에는 각 가정과 지역의 특색이 반영된다. 그렇다면 세계
라는 큰 틀에서 찾을 수 있는 특징도 있지 않을까? 500만 년이라는
아득히 긴 시간 동안 식재료를 교류하고 새로운 맛을 발견하면서 현
재의 음식 문화를 성립하였으니 말이다.

오늘날은 세계 각지의 식문화가 보다 빠르게 교류하여 섞이는 시
대이다. 세계의 식자재가 지구 표면을 둘러싼 콜드 체인(cold chain, 저
온 유통 기구)을 따라 각 가정의 냉장고로 흘러들어 온다. 냉장고 안에
서는 요술 주머니처럼 무엇이든 찾아 꺼낼 수 있고, 식탁 위는 전 세

계의 식자재가 활약하는 대극장이 되었다.

사람이 평생 먹을 수 있는 음식의 양은 약 50톤이고, 그 종류는 헤아릴 수 없을 만큼 많다. 대형 마켓이나 백화점 식품관에서 세계 각지의 원산지 표시를 붙이고 진열되어 있는 식자재를 보고 있노라면 경탄을 금할 수 없다. 채소만 하더라도 당근은 중앙아시아, 시금치는 이란, 누에콩과 양상추는 지중해 연안, 토마토와 피망은 남아메리카 식으로 다채로운 경로를 보여준다. 식탁 위에 올라오는 식재료와 요리는 제각각 맡은 연기를 하며 매일 세계사를 재연하고 있다.

확대되는 음식 세계

요리는 사전적으로 여러 조리 과정을 거쳐 음식을 만드는 것을 뜻한다. 다양한 식재료를 가지고 경험과 지혜를 바탕으로 최적의 조합법을 파악하여 바람직한 균형을 찾아낸 기술이다. 식재료가 풍부하면 당연히 요리의 가능성도 넓어진다. 식재료에 조미료와 향신료를 더해 굽고, 익히고, 찌고, 볶고, 발효시키는 등의 조리법을 사용하면 맛이 있고 없고를 떠나 누구라도 이론상으로 수만 종류의 요리를 만들 수 있다.

요리는 모방과 창조의 작업이다. 19세기 프랑스의 미식가 브리야사바랭(Anthelme Brillat-Savarin, 1755~1826)이 "동물은 사료를 먹고, 인간은 음식을 먹는다. 지성이 있는 자만이 먹는 법을 알고 있다"라고 한 것처럼, 요리는 문화적 행위이며 맛은 미묘한 균형 속에 있다.

맛을 추구하는 인간의 탐욕은 역사 속의 여러 장면에서 찾을 수 있고, 그 탐욕은 지금도 계속되고 있다. 고대 이집트에서는 물새의 입에 강제로 먹이를 주입해서 푸아그라를 만들었고, 바빌로니아의 부유한 사람들은 암퇘지를 이용해서 수퇘지의 페로몬과 같은 성분을 지닌 트러플(truffle, 송로버섯)을 찾아냈다. 고대 로마 사람들은 민물 꼬치고기의 간, 공작의 뇌, 플라밍고의 혀 등을 진미로 먹었다. 탐욕은 맛을 창조하는 원점이고 음식의 세계를 확대하는 원동력이었다. 생각해 보면 여러 식재료를 조합해서 상상도 못 하던 맛을 만들어낸다는 것 자체가 놀라운 일이다.

음식 세계사의 4막

식탁이라는 극장에 식자재를 등장시킨 것은 두말할 필요도 없이 인간이다. 500만 년에 달하는 인류의 역사 속에서 때때로 사회는 크게 변화하였고 그때마다 새로운 식자재가 출현했다. 각각의 식자재가 언제, 어떻게 모습을 드러냈는지를 알면 식탁이라는 무대를 통해 역사를 이해할 수 있다.

식탁 위에 펼쳐진 음식 극장에서는 음식 재료와 요리법의 조합이 중요하다. 레시피를 연극의 대본이라고 한다면, 인류는 식탁 위에서 연기하는 요리에 실로 많은 양의 레시피를 담았다. 식탁 극장에서 매일매일 이루어지는 공연 목록의 결정권은 주인인 우리에게 있다. 고전극이든 창작극이든 레시피는 충분하니 말이다.

인류의 역사를 음식과 연관 지어보면, 네 번의 사회적 격변이 새로운 기원을 열었고 새로운 식자재와 요리군을 만들어냈다는 것을 알 수 있다. 그 전환점은 다음과 같이 정리할 수 있다.

① 약 1만 년 전의 농업 혁명

② 15~16세기의 대항해 시대

③ 18세기 후반 이후의 산업혁명

④ 20세기 후반 이후의 하이테크 혁명

1막 곡물과 토기의 출현

인류는 약 500만 년 전에 동아프리카의 지구대에 모습을 드러낸 이래 긴 세월에 걸쳐 지구상에 퍼져 나갔다. 인류사의 99.9% 이상을 차지하는 수렵 채집 시대에는 순환하는 자연 그 자체가 인류의 식량 창고였다. 풍토에 전면적으로 의존하던 이 시기의 식생활은 지역별로 제각각 다를 수밖에 없었다. 그가 어디에 사는지가 모든 것을 결정했다.

그런데 약 1만 년 전에 농업과 목축이 출현하였고, 인류는 특정한 곡물과 짐승의 고기, 유제품 등을 중심적으로 섭취하게 되어 음식의 획일화와 안정화가 진행되었다. 딱딱한 곡물은 해가 지나도 보존할 수 있었기 때문에 식생활의 새로운 토대가 되었다. 그러나 곡물을 먹기 위해서는 낟알을 부드럽게 만드는 방법을 연구해야 했다. 그래서 곡물을 삶기 위한 간단한 도구, 즉 토기가 발명되었다. 토기의 발명은 요리법에 있어 가히 혁명이라고 부를 정도의 변화를 가져왔다.

인류의 요리법은 크게 날것, 가열한 것, 발효한 것 등 세 가지를 들 수 있는데, 토기의 출현은 가열의 영역을 크게 확장시켰다. 토기는 부드러운 음식과 수프를 만들어냈고, 세련된 미각을 만드는 데 크게 공헌했다. 이렇게 보면 토기의 발명에 따른 요리 혁명과 농업 혁명을 하나로 묶어 '음식의 제1차 혁명'이라고 불러도 좋다.

그 후 지역별로 식자재의 개발과 교류, 요리의 체계화가 진행되고, 기원전 2500년부터 기원전 2000년 사이 각지에 출현한 거대 제국 아래에서 요리권이 형성된다. 그리고 초원길과 비단길, 바닷길을 통한 유라시아 대륙의 음식 교류가 이어진다.

2막 대서양을 통한 음식의 교류

이어지는 전환점은 15~16세기의 대항해 시대이다. 신대륙과 구대륙 사이에 식자재의 교환이 이루어지고 전 지구적인 규모로 생태계의 변화가 진행되어 인류의 식문화가 격변하였다. '콜럼버스의 교환'이라고도 불리는 이 시기에 '음식의 제2차 혁명'이 일어났다. 구대륙에는 신대륙에서 건너온 옥수수와 감자, 고구마, 토마토 등의 재배가 퍼졌고, 신대륙은 유럽의 거대한 식량 창고로 모습을 바꾸었다.

17세기와 18세기에 영국과 프랑스는 카리브해의 섬에서 대규모로 사탕수수를 재배하였고, 설탕이 대중화되자 중국의 홍차와 이슬람 세계의 커피가 설탕과 만난 것과 같은 세계적 규모의 식문화 결합 양상이 등장했다. 설탕을 필두로 한 식탁 혁명이라 할 만하다. 설탕을 많이 쓰는 식문화는 현재까지 이어져, 설탕의 생산량은 곡물과 비교해도 월등히 많다.

3막 부패를 막는 기술의 등장

다음 전환점은 산업혁명이다. 18세기 영국에서 산업혁명이 진행되면서 도시는 생산의 무대가 되었고, 도시화는 세계적 규모로 빠르게 진행되었다. 한편 자체적으로 식량을 생산할 수 없는 도시의 주민들에게 안정적으로 식량을 공급하는 것이 큰 문제로 대두되었다. 이를 해결하지 못하면 새로운 사회 시스템은 유지될 수 없었다. 많은 양의 식자재를 도시로 옮기기 위한 교통 혁명과 더불어, 부패 방지 기술의 개발과 식품 가공의 산업화에 박차를 가했다. 세계 각지의 식자재가 모여든 유럽의 도시에서는 미식을 추구하는 경향과 함께 레스토랑이 늘어난다. 이 모든 변화를 '음식의 제3차 혁명'이라 한다. 이와 함께 세계 인구는 17세기에 약 6억 명이었던 것이 1850년에 약 12억 명, 1950년에는 약 24억 명으로 급격하게 증가하게 되었다.

4막 차가운 식품의 지구 순환

20세기 후반이 되자 하이테크 혁명을 배경으로 한 경제 영역의 세계화(Globalization)가 급속도로 진행되었다. 음식의 세계에 있어서도 식품의 저온 처리 기술이 발달해 전 세계를 아우르는 콜드 체인이 형성되었고, 선박의 대형화와 컨테이너 운송 방식의 확산 그리고 슈퍼마켓에서 볼 수 있는 대량 판매 방법이 만나 유통 혁명이 일어났다. 식탁이 세계화의 장이 된 것이다. 이것이 '음식의 제4차 혁명'이다. 그 결과 세계 인구는 더욱 급증하여 1950년에 약 24억 명이었던 인구가 현재는 60억 명을 넘게 되었다.

패스트푸드의 파도

식탁 위의 세계사도 차츰 변화의 박자를 빨리한다. 19세기에 형성된 식생활의 변화가 20세기 후반 이후에는 가속이 붙어 패스트푸드(fast food)화가 진행된다. 패스트푸드는 가게에서 주문한 후 단시간에 재빠르게 먹을 수 있는 식사를 뜻하는데, 식탁에 놓이는 식품도 반완성품을 해동하고 가열하기만 하면 되는 간편식의 길을 걷게 되었다.

패스트푸드의 역사는 생각보다 오래되었다. 서기 79년에 베수비오 화산의 분화로 화산재 아래에 묻힌 로마 제국의 도시 폼페이에는 이미 가벼운 음식이나 물로 희석한 와인을 파는 가게가 있었다고 한다.

한편 오늘날에는 식문화 전반에 걸쳐 패스트푸드화가 진행되면서 새로운 사회문제가 대두되고 있다. 간편식이 주는 편리함의 이면에 액체 사탕이라고 불릴 정도로 지나치게 단 청량음료의 만연, 영양가 낮은 고칼로리 음식을 과잉 섭취함에 따른 비만과 성인병의 증가 등의 문제가 도사리고 있는 것이다. 햄버거나 감자튀김, 도넛 등은 단순히 포만감만을 목적으로 하는 음식이다. 괜히 정크 푸드(junk food, 정크는 쓰레기라는 의미)라고 불리는 것이 아니다.

슬로 이즈 뷰티풀

이런 상황 속에서 1986년 이탈리아 피에몬테주의 브라(Bra)라는 마을에서 시작된 슬로푸드 운동(slow food campaign)이 단기간에 세계로 퍼졌다. 슬로푸드 운동은 각 가정과 지역별로 특색 있는 식자재와 맛을 지키고 전통적인 요리법을 보존하여 인류가 지닌 세련된 미각과 유구한 음식 문화를 찾으려는 노력이다. 보다 빨리, 편하게 만들려는 음식 문화의 획일화에 경종을 울리기 시작한 것이다.

식탁 위에 놓인 모든 음식과 재료 속에는 인류의 역사가 담겨 있다. 케첩과 레몬을 곁들인 굴로 만든 오르되브르(hors-d'œuvre, 전채 요리)를 입에 넣는 한순간에도 역사 속 여러 장면을 재연해 볼 수 있다. 기원전 1세기 로마의 온수지에서 굴을 양식하던 장면이나 굴 요리용 오이스터 포크가 만들어진 이유가 머릿속에 떠오른다. 신대륙에서 온 토마토가 중국이 기원인 발효 소스 케첩과 만나게 되는 과정을 생각할 수도 있고, 인도 북동부가 원산지인 레몬이 유럽에 전해진 경로를 추측해 볼 수도 있다. 식탁 위에서 재연되는 음식의 발자취를 즐기다 보면 어느새 슬로푸드에 깃든 음식 문화를 되살리게 된다.

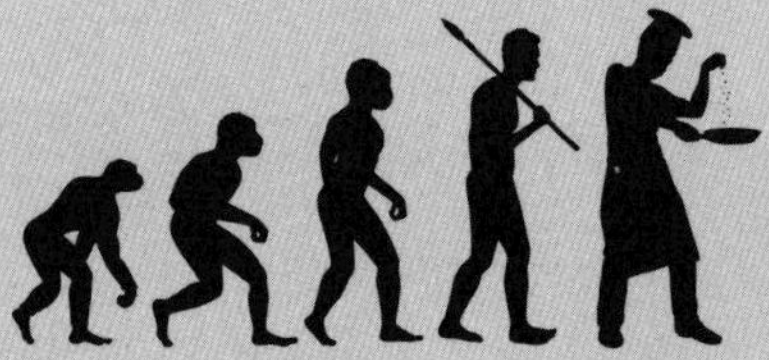

1장

인류를 창조한 자연이라는 식량 창고

요리는 식량의 소비 양식을 넘어서 문화의 토대가 된다. 식자재의 획득이 계절적으로 한정된 수렵 채집 사회에서는 식자재의 부패를 막고, 시간이 흐르면 나빠지는 식자재의 맛을 유지하는 방법을 찾는 것이 큰 문제였다. 이 과정에서 수많은 요리법이 탄생했다. 역설적이게도 부패는 요리의 어머니였던 것이다.

썩어가는
식자재와의 싸움

부패는 요리의 어머니

수렵 채집 시대에는 순환을 반복하는 자연이 선사해 주는 식자재가 식문화 그 자체였다. 자연의 은혜를 경험적으로 이해한 사람들은 자연이 주는 보상을 행동 원리로 삼았고, 자연을 숭배하는 마음으로 생활했다.

일본의 아이누족은 사냥을 신이 동물의 가죽을 뒤집어쓰고 나타나 인간에게 고기를 주는 것이라고 믿었다. 그들에게 수렵의 명수는 솜씨 좋은 이가 아니고 신앙심이 두터운 이였다. 신앙심이 두터운 사냥꾼의 화살에 신이 자진해서 잡힌다는 것이다. 능력이 있는 인간이 식량을 획득하는 것이 아니라 자연이 인간에게 식량을 준다는 발상이다.

인간이 더 이상 자연의 경이로움에 감동하지 않고 자연을 개발과 파괴의 대상으로 보기 시작한 것은 과학이 만능이 된 19세기 이후의 일이다. 그렇게 지난 100년간 정신없이 식량의 생산과 분배만을 추구해 오다 최근 들어서야 리사이클, 즉 순환 경제의 가치가 재확인되기 시작했다. 식량의 소비 양식인 요리와 더불어, 배설 양식인 폐기물 처리법이 다시 눈에 들어온 것이다.

요리는 식량의 소비 양식을 넘어서 문화의 토대가 된다. 식자재의 획득이 계절적으로 한정된 수렵 채집 사회에서는 식자재의 부패를 막고, 시간이 흐르면 나빠지는 식자재의 맛을 유지하는 방법을 찾는 것이 큰 문제였다. 이 과정에서 수많은 요리법이 탄생했다. 역설적이게도 부패는 요리의 어머니였던 것이다.

제철 음식을 먹는 문화

식문화의 기초는 자연이라는 식량 창고에서 획득한 제철 식자재를 있는 그대로 먹는 생식(生食)이다. 긴 시간 이어진 수렵 채집 사회에서는 생식의 원형을 유지했고 식탁 위에서는 사계절이 돌고 돌았다. 일본에서는 도토리를 채집하여 떫은맛을 없애 주식으로 삼았다. 오랜 시간이 흐른 현재, 일부 지방에 전해 내려오는 도토리떡으로 그 원형을 짐작할 수 있다.

식탁 극장에서는 뜻밖의 형태로 옛 식문화가 보존되기도 한다.

예를 들어 홋카이도에 사는 일본의 아이누족은 가을에 잡은 연어를 잘게 저민 뒤 물기 없이 바짝 말려 포를 만들어 보관했는데, 겨울에는 매서운 추위를 이용하여 얼린 생선(루이베, ルイベ)을 썰어 먹는 방법을 개발했다. 이 요리법은 현재에도 남아 있다.

제철 식자재를 가리킬 때 쓰는 순(旬)이라는 말은 고대 중국의 은(殷, 기원전 17세기 전반~기원전 11세기)에서 열흘을 뜻하던 같은 단어에서 왔다. 오늘날에도 상순(上旬), 하순(下旬) 등으로 널리 사용된다. 은나라 사람들은 10개의 태양이 있어, 날마다 지하에서 나와 하늘을 비춘다고 생각했다. 각각의 태양에는 갑(甲), 을(乙), 병(丙), 정(丁)… 계(癸)라는 이름을 붙였고, 전체를 십간(十干)이라고 불렀다. 은의 왕은 새로운 태양의 교대가 시작되기 전에 뼈를 태워서 새로운 순에 닥칠 재앙의 유무를 점쳤다. 그 결과를 뼈에 새긴 것이 한자의 원형인 갑골문이다. 순은 순환하는 시간을 나눈 생활의 단위였던 것이다.

플라톤이 '연못 주변에 모여든 개구리'라고 비유할 정도로 에게 해 주변에 많은 폴리스를 건설한 그리스인도 제철에 민감했다고 한다. 미식가였던 철학자 아리스토텔레스는 돔이 가장 맛있는 제철은 봄이고, 문어의 제철은 가을부터 겨울이라는 기록을 남겼다.

부패를 막은 소금과 식초

수렵 채집 사회의 가장 큰 숙제는 음식을 썩지 않게 오래 보관하는 것이었다. 농업 사회가 되어서도 소금과 식초 등을 이용한 식자재의 보존법이 세계 각지에서 연구되었고, 수렵 채집 사회부터 생식을 연장하기 위해 행해져 온 건조와 발효법도 유효했다. 지금부터 내륙에 위치하여 생식과 거리를 멀리한 중국과 생식을 버리지 못한 일본을 비교하여 식품 보존법의 변화 양상을 살펴보고자 한다.

　고대 중국에서는 날생선이나 날고기를 젓갈로 만들어 보존하였다. 해산물이나 육류에 소금을 넣고 절여 자연스럽게 발효시킨 것이다. 전국 시대부터 한으로 이어지는 기원전 5세기부터 기원후 3세기까지 지(鮨)라는 생선 절임과 해(醢)라는 고기 절임을 많이 만들었다는 기록이 있다. 한대(기원전 202~220)에는 양쯔강 이남의 강남(江南) 지역을 개발하여 경작지를 넓혔고, 이때 쌀을 발효시키는 보존법이 등장했다고 한다. 고기나 생선에 소금과 쌀밥을 섞어 3개월에서 1년간 발효시키는 방법이다. 잘게 저민 생고기나 생선, 또는 그것을 식초에 절인 회도 만들어졌다. 아세트산균이 발효하면서 만들어진 식초는 식품 보존에 유용하였다.

　살균과 방부 작용을 하는 소금이나 식초를 식품 보존에 이용한 것은 유럽도 마찬가지였다. 식초는 와인으로 만들었는데, 영어로 식초를 의미하는 비니거(vinegar)는 프랑스어의 뱅(vin, 와인)과 시큼하다는 의미의 에그르(aigre)의 합성어이다. 식초는 발효되어 시큼해진 와인이었던 것이다.

중국의 식문화를 조금 더 살펴보면, '뜨거운 국에 데어서 냉채까지 불고 먹는다(懲羹吹齏, 징갱취제)' 혹은 '사람들 입에 회자되다(膾炙人口, 회자인구)'라는 말에 남아 있듯 예부터 얇게 썬 고기나 생선(膾, 회)을 뜨거운 국물(羹, 갱)과 함께 즐겨 먹었다고 한다. 고기를 선호하던 중국에서 소금 등에 절인 생선이 인기를 끌게 된 것은 송대(960~1279)에서 원대(1271~1368)의 일이다. 당 황제의 성인 이(李)와 동음이기 때문에 먹는 것이 금지되었던 민물고기의 왕 잉어(鯉, 이)가 식자재로 부활한 점과 교역의 요충지였던 수도 개봉에서 민물고기를 얻기 쉬웠다는 점, 그리고 생선을 먹었던 화남(華南) 지역의 중국화가 진행된 점 등이 이유였다. 그러나 몽골이 중국을 정복하고 원을 세운 후에는 유목민이었던 몽골인이 생선을 먹지 않았던 까닭에 생선 요리가 사라졌다.

일본에서는 벼농사의 전래와 함께 전통적인 보존 식품인 스시와 독자적인 생식 문화가 발전하였다. 섬나라로 생선이 풍부한 일본에서는 무로마치 시대(1338~1573) 중기에 날생선을 먹는 사시미와 발효시켜 산미가 있는 쌀에 날것에 가까운 생선을 더한 스시가 등장했다. 에도 시대(1603~1868)에는 간장이 보급되었고, 오늘날과 비슷한 사시미와 스시가 만들어졌다. 자투리로 남은 날생선을 초밥 위에 얹어 간장에 와사비를 넣은 소스에 찍어 먹는 스시는 일종의 패스트푸드로 하나야 요헤이(華屋与兵衛, 1799~1858)란 사람이 만들었다. 소금과 식초에서 벗어난 세련된 생식, 사시미와 스시가 요리로 정착하는 과정을 보면 오늘날 일본 요리의 특성을 엿볼 수 있다.

02

땅과 바다에서
조미료 찾기

미각의 촉매제, 조미료

야생 상태 그대로의 채소와 육류, 생선에는 다양한 냄새와 맛, 특유의 개성이 있어서 맛을 조화시키는 것이 어려웠다. 좀처럼 마음에 드는 맛을 만들어낼 수 없었다. 따라서 식자재의 본연의 맛을 끌어내면서도 조화롭게 정리해 주는, 말 그대로 조미료(調味料)가 필요해졌다. 인류의 혀는 맛을 조화롭게 만들면서도 어떤 맛을 살릴 것인지 방향성을 결정하는 특수한 식자재를 연이어 발견하게 되었다.

왕실 수라간을 배경으로 한 드라마 〈대장금〉(2003~2004)에는 '요리는 맛을 그리는 것'이라는 인상적인 대사가 나온다. 잠시 미각을 잃게 된 주인공 장금이 크게 상심해 있자 스승인 한 상궁이 장금을 격려하는 장면에서 나온 말이다. 그렇다. 확실히 맛은 그려내는 것이고, 맛의 미묘한 균형을 연출하는 것은 조미료이다. 소금이나 생강 같은 조미료 없이 좋은 맛을 그려낼 수 있을까? 조미료는 식탁이라는 극장의 훌륭한 연출가인 것이다. 조미료는 미각을 세련되게 만드는 과정과 깊은 관련이 있는데, 시대가 지나면서 그 가짓수가 계속 늘고 있다.

미각은 크게 짠맛, 신맛, 단맛, 매운맛 등으로 나눌 수 있는데 그 중에서도 짠맛과 단맛을 가장 기본으로 여긴다. 일본 요리에는 조미료를 더하는 순서로 '맛의 사시스세소(サシスセソ)'를 따른다는 표현이 있는데, 이는 설탕의 사(사토), 소금의 시(시오), 식초의 스(스), 간장의 세(쇼유), 된장의 소(미소)를 따온 것이다. 간을 할 때는 단맛에서 시작해서 짠맛을 넣는 것이 좋다는 의미이다.

인류는 다 썩어가는 식자재를 조심스레 먹으며 조미료에 관한 지식을 축적해 왔다. 조미료가 맛을 바꾼다는 것을 깨달은 사람들이 맛을 그릴 때 도움이 되는 촉매를 자연에서 찾은 것이다. 조미료 찾기의 역사는 이렇듯 오래되었다.

벌꿀과 허니문

달콤함은 인류에게 매혹적인 맛이다. 그러나 자연계에는 매우 적다. 이런 이유에서 설탕의 보급은 식문화에 가히 혁명이라 할 수 있었다. 오늘날 설탕의 원료인 사탕수수와 사탕무(비트)의 생산량을 합하면 연간 15억 톤이 넘는데, 이는 쌀과 벼를 합친 것보다 많은 양이다. 미각의 세계에서 단맛이 차지하는 지위를 짐작하게 한다.

사탕수수로 만든 설탕이 보급되기 전까지 인간에게 최고의 감미료는 꿀벌이 겨울에 유충을 키우기 위해 부지런히 저장한 벌꿀이었다. 옛 문헌 중에는 사탕수수를 꿀이 흐르는 갈대라고 한 기록이 있다. 여하튼 벌꿀은 로마의 시인 베르길리우스가 '하늘로부터 받은 이슬의 축복'이라고 감탄한 것처럼 자연이 준 기적의 감미료였다. 참고로 벌의 종류는 세계적으로 10만 종류에 달하며, 어디에나 있는 흔한 곤충이다. 벌집 하나당 대개 3만에서 6만 마리 정도의 일벌이 있으며 겨우 6주간 살면서 종의 보존을 위해 구슬땀을 흘리며 쉬지 않고 꿀을 모은다. 그 귀한 것을 인간이 행복에 젖어 슬쩍 해온 것이다.

스페인의 동굴 벽화에 보이는
꿀을 채집하는 여인

인류가 황금색 벌꿀의 맛을 알게 된 것은 매우 오래전 일로, 약 1만 년 전에 그려진 스페인의 동굴 벽화에서 야생 벌집에서 꿀을 모으는 인물을 찾을 수 있다.

꿀은 채집할 수 있는 식물에 따라서 다양한 종류가 있다. 그중에서도 옅은 색이 짙은 색보다 질이 높은 것으로 취급된다. 이러한 다채로

움 덕분에 벌꿀은 더욱 신비감을 지니게 되었다. 벌꿀은 70% 이상이 흡수가 잘 되고 영양가가 높은 과당과 포도당으로 이루어져 있고, 디아스타아제와 비타민 B1도 함유하고 있다. 벌꿀은 100g당 열량이 294kcal로 매우 높고, 현재도 그 효용과 희소성 덕분에 설탕보다 각별하게 여겨진다.

벌꿀은 오랜 기간 불사의 상징으로도 여겨졌다. 현재도 로열젤리는 이러한 이미지를 갖고 있다. 메소포타미아 문명과 크레타 문명 등에서는 사후 세계에서 먹는 귀중한 음식으로 여겨졌다. 좀처럼 먹을 수 없는 벌꿀을 가까이 두는 것만으로도 일종의 지위를 나타내는 것이었다. 이집트 문명에서는 오직 파라오와 신관만이 신성한 음식으로서 질 좋은 벌꿀을 독점할 수 있었다. 람세스 3세 시대(기원전 12세기)에는 31,092개의 꿀통, 약 15톤 분량의 벌꿀이 신전에 저장되어 있었다고 한다. 고대 중국에서도 벌꿀은 평가가 좋은 감미료였다. 오경(五經) 중 하나인 『예기(禮記)』에는 대추, 밤, 엿과 나란히 벌꿀을 올리는 것을 자식이 효도하는 것이라고 기록하고 있다. 아메리카 대륙의 마야 문명에서도 벌을 키우는 기술을 찾을 수 있다.

중세 유럽에서도 벌꿀은 귀중한 식자재였다. 게르만인은 결혼 후 한 달간 벌꿀을 발효시킨 술을 마시며 아이를 만드는 데 힘을 썼다고 한다. 여기에서 신혼여행이나 신혼 휴가를 가리키는 허니문이란 말이 나왔다. 프랑크 왕국의 카롤루스 대제(742~814)는 재정을 확보하려고 양봉을 장려했는데, 수확한 벌꿀의 3분의 2, 밀랍의 3분의 1을 세금으로 납부하도록 했다. 당시 어느 정도 여유가 있는 가정에서는 반드시 벌꿀을 키우고 있었다고 한다.

소금(salt)에서 나온 소스(sauce)와 샐러드(salad)

소금은 짠맛을 내는 조미료의 대표로 음식에 간을 하고, 절임으로 부패를 막아 식품을 보존하거나 발효를 조정한다. 상처를 소독하는 용도로도 쓰이는 등 예부터 폭넓게 이용되어 생활에 빠질 수 없는 생명의 양식으로 여겨졌다. 현재도 세계적으로 연간 2억 톤 이상의 소금이 제조되고 있으며, 식자재로는 여덟 번째 생산량이다. 1L의 해수에 약 30g의 소금이 포함되어 있기 때문에 오늘날에는 소금을 고가의 식자재로 치지 않는다. 하지만 예전에는 달랐다.

동물의 생고기를 많이 먹던 시절에는 생고기에 포함된 나트륨 등의 미네랄 성분 때문에 소금이 그다지 중요하지 않았다. 그러나 곡물이 주식이 되고 나서부터 염분은 부수적으로 반드시 섭취해야 하는 식품이 되었다. 그런 이유로 모든 문명권은 소금을 확보할 수 있는 장소에서 성립되었다. 유라시아와 아메리카 대륙의 문명에서는 생리적으로 꼭 필요한 소금을 확보하는 것이 가장 문제였다. 『신약성서』의 「마태복음」을 보면 "너희는 세상의 소금이니, 소금이 만일 그 맛을 잃으면 무엇으로 짜게 하리요. 후에는 아무 쓸데없어 다만 밖에 버려져 사람에게 밟힐 뿐이니라"(5장 13절)라는 구절이 있다. 소금은 땅의 힘이며, 땅의 맛이라고 여겨졌던 것이다.

소금의 제조법은 메소포타미아에서 이집트를 거쳐 그리스, 로마로 전해졌다. 고대 그리스에서는 필수불가결하게 공유해야 하는 것이라는 의미에서 우정과 관대함을 상징했으며, 영원히 변하지 않는 맛이라는 특성에 따라 약속의 상징으로도 여겨졌다. 기원전 9세기의 시인 호메로스는 '소금은 신성'하다고 서술했는데, 소금을 부정을 없애는 데 사용하고 산 제물로 신에게 바치는 동물의 머리에 뿌렸던 까닭이다. 그리스 사람들은 문어나 생선을 매우 좋아했는데, 소금은 냉장 기술이 없던 시절에 멀리 있는 어장으로부터 운반해 올 때 반드시 필요한 방부제이기도 했다. 고대 중국에서도 짐승의 고기를 소금으로 보존하는 함(鹹)이라고 불리던 햄과 비슷한 보존 식품을 만들었다.

유대인은 소금의 성질이 변하지 않는 것을 주목하여 신과 인간, 인간과 인간 사이에 맺어진 계약의 상징으로 보았다. 『구약성서』에는 '소금 계약'이란 문구가 나오는데, 소금을 섭취하는 것으로 깊은 신뢰 관계가 생겼다는 것을 뜻한다. 소금이 신성함의 상징이었다는 것은 "모든 예물에 소금을 드릴지니"(레위기 2장 13절)라는 구절에서도 엿볼 수 있다.

섬나라인 일본에서는 소금을 부정을 쫓는 해수의 화신이라고 여겨 신에게 바쳤다. 오늘날에도 각 가정에서는 신을 모시는 제단에 쌀, 물과 함께 소금을 놓는다. 스모 경기를 할 때 경기장에 소금을 뿌린다든가 장례식을 마치고 돌아와 부정을 없애는 의미로 소금을 쓰는 것도 비슷한 풍습의 흔적이다.

소스, 소시지, 샐러드라는 단어도 소금과 밀접한 관련이 있다. 프랑스 요리의 꽃인 소스(sauce)는 라틴어로 소금을 의미하는 살(sal)을 기원으로 한다. 식탁 위에 소금을 놓고 식사를 할 때 각자의 취향에 맞춰 간을 맞추는 영국, 미국과 소스를 중시하는 프랑스의 요리는 외견상 스타일이 전혀 다르게 보이지만, 그 어원을 보면 출발점이 같다. 프랑스의 소스는 살을 가장 세련되게 만든 것이다.

소시지(sausage)는 염장한 돼지, 양, 소의 고기를 다져서 창자에 넣은 후 삶거나 훈연, 건조한 것으로 원래는 햄이나 베이컨을 만든 후 남은 고기를 사용했다. 소시지는 영어이지만 소금에 절인 고기라는 의미는 라틴어 'salsus'에서 온 것으로, 원래는 살에서 유래한다. 소시지의 종류인 살라미(salami)도 같은 어원이다. 참고로 햄은 돼지의

넓적다리 살을 소금에 절인 후 훈연하거나 삶은 가공식품인데, 본래는 돼지 넓적다리 살을 부르는 이름이었다.

경우에 따라서는 고기, 어류, 달걀을 넣어 드레싱으로 버무리기도 하지만, 생채소가 주가 되는 샐러드(salad)도 살에서 나온 말일 것이다. 고대 그리스와 로마에서 소금을 곁들여 생채소를 먹던 습관에서 나온 것이 아닌가 싶다. 최근 대형 마트나 백화점 식품관에서는 여러 지역산 소금을 판매하고 있는데, 새삼 소금이 식문화를 지탱하는 위대한 존재임을 느끼게 된다.

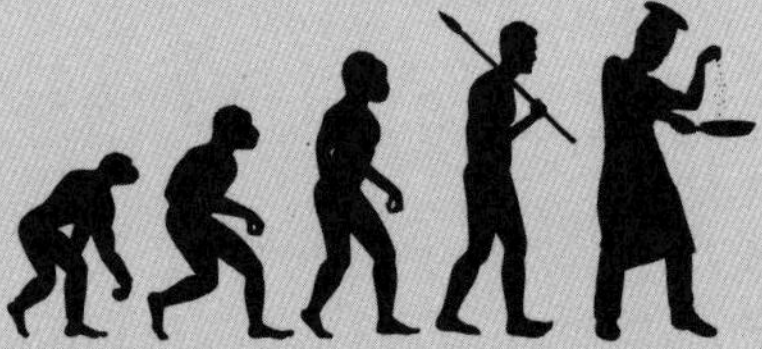

2장

농경과 목축에 따른
음식의 정형화

지금으로부터 만 년 전에 시작된 농경과 목축은
인류 역사상 가장 큰 사건이었다. 사람들은 숲과
초원을 태워 숱한 동식물을 멸종시켰고, 빈 땅
에는 밭을 갈아 특정 작물만을 재배했다. 이른바
농업의 탄생이다.

01

곡물이 가져다준
안정

가열로부터 시작된 문명

식탁 극장의 주인공은 약 20~50도의 중위도 지방에 닥친 혹독한 건조화와의 싸움 속에서 승리한 딱딱한 볏과 식물의 종자로 결정되었다. 특별한 이유가 있던 것은 아니다. 마침 기후 변화에 고전하고 있던 인간 사회의 주변에 있었던 것이 볏과 식물이었을 뿐이다. 역사는 그런 것이다. 나중에 언급될 사건들도 맨 처음은 모두 우연의 산물이었다. 그건 그렇고 생산성 높은 볏과 식물은 굉장한 명배우였다. 수많은 조연을 거느리고 식탁 극장에서 많은 레퍼토리를 연기해왔다. 그러나 명배우가 탄생하기 위해서는 나름의 무명 시절이 필요하다. 이 딱딱한 곡물 씨앗에게는 열을 가해 부드럽게 바꿔야만 하는 시련이 필요했다.

곡물의 변신을 도와준 것은 불이었다. 불은 세계 각지의 신화와 전승에 반드시 등장한다. 예를 들면 인도의 신 중 불의 신 아그니는 인간과 가장 가까운 신으로 여겨졌다. 페르시아 신화에는 사냥꾼이 쏜 화살이 바위에 맞아, 바위 속에서 불이 나타났다는 이야기가 나온다. 그리스 신화에서는 본래 올림

얀 코시에르(Jan Cossiers)가 그린
<불을 훔친 프로메테우스>

포스 신들의 소유였던 천상에 있는 태양 불을 회향 줄기 안에 숨겨서 훔친 프로메테우스가 인간을 신과 비슷한 존재로 만들었다는 이야기가 있다. 프로메테우스는 인간에게 불을 주었다는 이유로 제우스의 화를 사서 코카서스 산기슭의 바위에 쇠사슬로 묶여 독수리에게 간을 쪼이는 중벌을 받는다. 프로메테우스에 관해서는 이런 이야기도 전해진다.

어느 날 신과 인간이 제물인 동물의 고기를 서로 나눠 가지게 되었다. 그때 인간의 편을 들었던 프로메테우스는 소의 뼈를 기름 덩어

리로 감싼 것과 살코기와 내장을 가죽으로 감싼 것으로 나눠 준비하였고, 제우스에게 전자를 선택하도록 했다. 그 결과 신은 뼈와 기름 덩어리를 가지고, 인간은 맛있는 고기와 내장을 얻게 되었다. 이에 화가 난 제우스는 인간에게서 불을 빼앗아버렸다. 음식 때문에 원한을 사는 것은 신도 예외가 아닌가 보다.

요리는 날것, 가열한 것, 발효한 것 등 크게 세 가지로 나눌 수 있는데, 이 중에서 종류가 가장 다양한 것은 가열한 요리이다. 가열은 인간의 식문화를 크게 바꾼 혁신적인 방법인데, 이를 주목한 사람으로 프랑스의 역사가 자크 바로(Jacques Barrau, 1937~2014)를 들 수 있다. 그는 인간이 질그릇(pot)을 만들어 요리하게 된 것을 높이 평가하면서 세라믹 혁명이라고까지 칭했다. 질그릇(pot)이란 말에서 물을 넣고 식재료를 끓여서 만드는 걸쭉한 수프 포타주(potage)가 나왔다. 음식을 익혀 먹게 된 지 얼마 지나지 않아 인류는 식자재를 덩어리 상태로 조리하거나 액체 상태의 수프로 만들어 먹는 등 다양한 방식으로 즐기게 되었다.

불은 문명 발달의 핵심이고, 최초로 메소포타미아 문명을 건설한 수메르인은 불을 자유자재로 사용했다. 그들이 남긴 3,800년 전의 도시 유적 우르(Ur)에는 햇볕에 말린 벽돌로 만든 화덕이나 오븐이 다수 발굴되었다.

식탁의 주인공이 된 곡물

지금으로부터 만 년 전에 시작된 농경과 목축은 인류 역사상 가장 큰 사건이었다. 사람들은 숲과 초원을 태워 숱한 동식물을 멸종시켰고, 빈 땅에는 밭을 갈아 특정 작물만을 재배했다. 이른바 농업의 탄생이다. 당연한 일이겠지만 밭에 들어온 동식물은 해로운 것으로 간주되어 제거되었다. 밭을 넓히면서 인류의 생활 터전은 날 것 그대로의 자연에서 관리된 자연

고대 이집트 고분 벽화에 보이는
농사 짓는 모습

으로 바뀌었고, 재배와 사육을 통해 얻은 식자재로 만든 요리가 식탁을 채웠다. 요리의 안정화와 정형화이다. 식탁은 자연의 순환과 거의 무관하게 인공적인 색채를 띠게 되었다. 참고로 주식은 영어로 스테이플 푸드(staple food)라고 하는데, 여기에는 중요하다는 뜻과 주가 된다는 두 가지 의미가 있다.

오늘날 인간 사회는 기본적으로 쌀, 밀, 옥수수, 조와 수수, 보리, 호밀 등 여섯 종류의 볏과 식물에 의존하고 있다. 곡물은 4대 문명이 꽃피던 시절부터 현재에 이르기까지 꾸준히 인류와 함께해 왔

다. 참고로 볏과 식물은 약 9,500종에 달하며 식물계에서 네 번째로 큰 식물군을 이룬다. 2001년부터 3년간 곡물의 연간 생산량은 옥수수 6억 259만 톤, 쌀 5억 7,628만 톤, 밀 5억 7,288만 톤, 보리 1억 3,222만 톤의 순서이고, 인류는 밥이나 빵 등의 주식과 맥주 등의 원료, 가축의 사료에 이르기까지 곡물에 의존하고 있다. 현재도 세계 노동 인구의 절반가량이 곡물 재배를 중심으로 하는 농업에 종사하고 있다. 곡물은 작은 거인이라고 불러도 손색이 없다. 세계의 식탁에서 활약하는 작은 거인의 대표로는 세계 3대 곡물로 꼽히는 쌀과 밀, 옥수수를 들 수 있다.

쌀, 밀, 옥수수로 만든 음식의 세계

동남아시아에서 시작된 쌀의 여정

벼는 같은 작물을 연이어 같은 땅에 재배하여 땅을 못 쓰게 만드는 연작으로 인한 피해가 거의 없고 생산량이 많아 인구 부양력이 높은 작물이다. 중국과 인도처럼 인구가 많은 나라는 모두 쌀에 의해 유지된다. 오늘날 벼는 아시아를 넘어 아프리카 마다가스카르에 이르는 넓은 지역에서 재배되며, 세계 인구의 3분의 1에 해당하는 20억 명 이상의 사람들의 주식이다. 참고로 유럽과 미국에서도 쌀을 다산의 상징으로 여기는 것을, 결혼식이 끝나면 신랑과 신부에게 쌀을 던지며 자식을 기원하는 장면에서 찾아볼 수 있다.

벼는 윈난과 아삼의 산악 지방을 기원으로 하는데, 동아시아의 양쯔강, 동남아시아의 메콩강과 짜오프라야강, 이라와디강, 그리고 인도의 갠지스강을 따라서 전파되었다. 특히 메콩강 유역은 자포니카종(japonica, 일본형)과 인디카종(indica, 인도형)이라는 두 종의 벼가 모두 발견되어 쌀의 원형지로 보고 있다. 그곳을 기준으로 동쪽의 중국, 한국, 일본으로 자포니카종이, 그리고 서쪽의 인도로 인디카종이 퍼졌다.

일본인의 주식은 쌀알이 작고 동그란 자포니카종이다. 자포니카종은 3,000년 전쯤 중국 남부를 거쳐 일본 남부로 전해진 것으로 본다. 자포니카종 쌀은 부드러우면서 점성과 탄력이 있으며, 은은한 향과 맛이 있다. 이 담백한 맛의 쌀 덕분에 심심하면서도 섬세한 일본 요리가 가능했을 것이다. 일본에서는 큐슈 북부의 나바타케(菜畑) 유적지를 통해 기원전 300년 무렵부터 벼농사를 지은 것으로 보인다. 일본 신화에는 태양신 아마테라스 오오카미가 천상에서 스스로 논

을 경작했다는 이야기가 전해지는데, 일본 문화의 근간이 벼임을 알수 있는 대목이다.

쌀은 처음에는 토기에서 익혀 죽 형태로 먹었을 것이다. 쌀을 쪄서 먹기 위해서는 시루(甑, 오늘날의 나무 찜통)가 필요한데, 시루는 고분시대(古墳時代, 3세기 말~8세기 초) 무렵에 등장했다. 헤이안 시대(平安時代, 8세기 말~12세기 말) 말기에 오늘날과 같은 밥이 등장했으며, 그 배경에는 부드러운 멥쌀과 철제 솥의 보급이 있었다. 또한 쌀을 끓여 삶은 뒤 볶아야 하는 3단계의 조리 과정이 필요한 볶음밥의 경우에는 마지막 단계에서 고온을 버틸 철솥이 반드시 필요했다.

중국에서는 처음에는 자포니카종이 재배되다 11세기 무렵에 베트남 남부로부터 인디카종에 속하는 참파(占城, 점성) 벼가 들어왔다. 가뭄에 강하고 두 달 안에 수확할 수 있다는 장점이 컸기 때문에 자포니카종을 내몰고 강남 지방 논의 80~90%가 참파 벼로 바뀌게 되었다.

인도에는 아삼 지방을 경유해서 가느다랗고 퍼석퍼석한 인디카종 쌀이 전해졌다. 2,700년 전부터 1,700년 전 사이의 일로 추정된다. 인도에서는 쌀의 특성을 반영하여 기름에 볶은 독특한 조리법이 개발된다. 쌀을 끓이다가 중간에 물을 버린 후 찐 다음 기름에 볶는 방법이다. 인도 요리 플라오(pulao)는 물소의 젖을 발효하여 응고시킨 기(ghee)라고 하는 기름에 소금을 추가하여 볶은 것이다.

인디카종은 인도를 제2의 원산지로 하여 이슬람 제국에 전해졌으며, 나아가 지중해와 유럽 일대에 전파되었다. 쌀을 뜻하는 영어 단어 라이스(rice)는 고대 페르시아어와 아라비아어에서 기원한다. 아울러 인도식 쌀 요리법도 서역에 전해졌고 여러 지역에서 기름에 쌀을 볶는 요리를 하게 되었다. 참고로 미국과 유럽에서는 쌀을 채소의 일종으로 여겨서 육류 요리에 곁들일 때 버터로 볶는 경우가 많다.

변형된 쌀 요리의 하나로 터키가 원조인 필라프(pilaff)가 있다. 터키어로 밥 한 공기를 뜻하는 필라프는 먼저 쌀알과 잘게 썬 양파를 버터에 볶은 다음 부이용(bouillon, 고기나 채소를 끓인 액체로, 다른 재료를 삶을 때 물 대신 사용하거나 소스, 포타주 등을 만들 때 베이스로 쓰는 국물-역주)으로 만든 수프를 넣어 마저 볶는다. 여기에 추가로 양고기나 해산물, 버섯 등의 건더기를 넣은 일종의 영양밥이다. 중국의 차오판(炒飯)은 딱딱하게 볶은 밥을 라드(lard, 돼지의 비계를 식용으로 활용하기 위해 정제한 반고체의 기름-역주), 건더기와 함께 볶아 소금, 후추, 간장으로 간을 한 것으로 필라프와는 발상이 완전히 다르다.

필라프와 같은 계열에 속하는 이탈리아의 리조토(risotto)는 쌀을 올리브유, 버터와 함께 볶아 만든다. 스페인 동부의 발렌시아 지방을 대표하는 요리 파에야(paella)는 일찍이 이베리아반도를 지배한 이슬람 문화의 영향을 강하게 받은 요리로 쌀과 건더기를 올리브유로 볶은 후 수프를 추가해 볶는다. 지역마다 쌀 요리법도 조금씩 다른 것이 흥미롭다. 쌀이라는 같은 재료가 들어가도 소비하는 양식에는 저마다의 역사가 반영되는 법이다.

건조 지대를 지탱해 준 밀

밀은 껍질이 딱딱하기 때문에 가루로 만들어 먹을 수밖에 없었다. 매우 손이 가는 일이 아닐 수 없다. 그래도 좋은 점이 있었다. 밀을 가루로 만들자 발효가 쉬워진 것이다. 밀은 효모균이 방출한 가스를 반죽에 담아주는 역할을 하는 글루텐의 함유량이 다른 곡물보다 월등히 높기 때문이다. 인도, 파키스탄, 이란의 '난', 이라크, 시리아, 이집트의 '탄나와', 서양의 '빵' 등은 모두 밀반죽을 발효해 만든 것이다.

일찍이 고대 이집트에서도 밀을 발효시켜 부풀린 빵을 먹었다. 이집트의 빵은 제빵사가 대량으로 빵을 굽는 작업을 하다가 깜박하고 넣지 않아 발효가 일어난 반죽을 구워봤다가 알게 된 우연의 산물이다. 이집트는 나일강의 선물이라는 말이 있는 것처럼 나일강의 은혜를 입어 밀을 경작했고, 밀은 풍요로움의 상징이었다. 풍작의 여신 이시스가 머리에 밀을 이고 있는 것도 우연은 아니다.

고대인에게 있어 울퉁불퉁한 돌 사이에 낟알을 넣고 갈아 으깨는 작업은 뼈를 깎는 고된 작업이었을 것이다. 공장을 영어로 밀(mill)이라고 하는데 이 말의 본래 뜻은 맷돌이며, 제분이야말로 인류 역사상 제일 오래된 작업이라는 점을 반영한다. 사람의 힘으로 낟알을 가는 원시적인 제분법이 맷돌을 이용하는 제분법으로 바뀐 것은 로마 제국 시대부터였다. 맷돌은 중앙아시아를 거쳐 전한 시대(기원전 124~기원전 42)에 중국으로 전해진 뒤 동아시아에 알려졌다.

기원전 2000년경에 빵을 굽는 가마가 등장했고, 고온의 가마 내

벽에 반죽을 붙여서 빵을 굽게 되었다. 고대 이집트에서는 피라미드 건설에 동원된 노동자에게도 많은 양의 빵과 맥주를 제공했다고 하는데, 중왕국(기원전 22세기~기원전 18세기) 시대에는 전문적인 제빵사가 등장하고 빵의 종류도 다양해졌다. 기원전 5세기에 이집트를 여행한 헤로도토스는 "이집트인은 빵을 먹는 사람들이다"라는 기록을 남겼다. 이집트 빵의 품질이 좋다는 사실은 주변 세계에 널리 알려질 정도였고, 그 가짓수도 40종류에 달했다고 한다.

독일의 역사학자 빌헬름 치르(Wilhelm Ziehr)의 『빵의 역사』에 따르면 고대 이집트에서는 관리의 급료로 연간 360잔 정도의 맥주, 900개의 하얀 빵, 3만 6,000개의 일반 빵(빵의 색에 따라 신분의 차이를 나타냈는데 상류층은 하얀 빵을 먹었다-역주)이 현물 지급된 사례가 있다고 한다. 파라오가 여행을 떠날 때면 수만 개의 빵을 구워 왕과 시종들이 여행용으로 지참했다고 한다. 좋은 빵을 굽는 기술은 대도시에만 있었다고도 한다.

아메리카 대륙의 보물 옥수수

콜럼버스가 1492년에 신대륙에서 스페인으로 가져온 또 다른 볏과의 곡물 옥수수는 안데스 산악 지대가 원산지이다. 멕시코의 테와칸 골짜기에서 발견된 7,000년 전의 유적에서 가장 오래된 옥수수 알갱이가 발견된 것을 보면 아주 오래전부터 이 일대에서 옥수수를 재배해 온 것 같다. 마야 문명부터 아즈텍 제국, 잉카 제국에 이르는 신대륙의 문명은 옥수수에 의해 유지되었다고 해도 과언이 아니다.

옥수수는 낟알 1개로 800배에 달하는 수확이 가능한 생산성을 자랑하는데, 약 100배 정도 수확할 수 있는 쌀보다도 월등한 수치이다. 현재 옥수수는 식량과 가축 사료 용도로 세계적으로 수천 품목이 재배되고 있으며, 곡물의 왕으로 꼽히고 있다.

옥수수를 사용한 요리로는 스위트 콘(sweet corn)에 베샤멜 소스(bechamel sauce)와 우유를 넣고 소금과 후추로 간을 한 콘 수프와 멕시코 요리인 토르티야(tortilla) 등이 있다. 토르티야는 옥수수 가루를 개어서 만든 반죽을 원형으로 얇게 늘린 뒤 도자기로 된 판 위에서 평평하게 구운 빵이다. 여기에 고기, 해산물, 소시지, 치즈, 토마토, 아보카도 같은 다양한 재료를 넣으면 멕시코 농민이 간식으로 먹는 타코스(tacos)가 된다. 토르티야는 아즈텍 제국에서 틀락스칼리

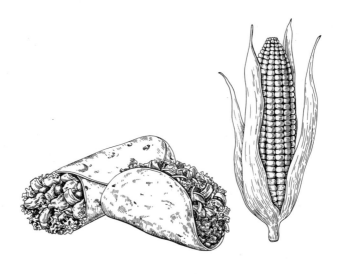

(tlaxcalli)라고 불리던 전통 요리에서 나온 말인데, 원래는 말린 옥수수 가루를 연한 석회수로 처리한 후 갈아서 점성이 있는 반죽으로 만들었다고 한다.

03

육식의 주인공이 된 돼지와 양

고기의 유혹

인류는 주위에 사는 짐승이나 물고기를 잡아먹으며 단백질을 보충했다. 인류학자 마빈 해리스(Marvin Harris, 1927~2001)는 애틀랜타 대학의 보이드 이튼(S. Boyd Eaton)과 멜빈 코너(Melvin J. Konner)의 논문을 토대로 "인류의 신체는 오랜 기간에 걸쳐 하루에 약 788g의 살코기를 먹도록 적응해 왔다. 그 양은 현재 미국인 한 명이 평균적으로 소비하는 소, 돼지, 양, 염소 등의 고기 총량의 4배에 달한다"라고 적었다. 곡물의 등장 이후에도 짐승과 물고기에 대한 의존은 변함이 없었고, 고기에 대한 사람들의 갈망은 계속되었다.

목축은 농업과 거의 같은 시기에 시작되었다. 농경을 시작한 인류가 몇몇 동물을 사육하면서, 고기와 젖을 얻을 뿐 아니라 일을 시키고 의복의 원료로도 쓰는 등 다방면으로 이용한 것이다. 그러다가 점차 관리가 쉬운 특정 동물의 고기에 의존하는 경향이 강해졌다. 농업 사회에서는 보조적으로 목축이 이루어졌지만, 중위도의 건조한 초원에서는 가축의 사육에 특화된 유목민의 활동이 두드러졌다.

인류가 식용으로 이용한 주된 가축은 돼지, 양, 염소, 소, 오리, 닭, 칠면조 등이다. 현재 지구상에는 약 7억 마리의 돼지, 약 12억 마리의 양, 약 4억 8,000만 마리의 염소, 약 13억 마리의 소, 약 6,000만 마리의 말, 약 1억 마리의 오리, 약 60억 마리의 닭, 1억 마리 이하의 칠면조가 사육되고 있다. 이것들이 요리로 모습을 바꿔서 식탁 극장에 등장했다.

육식에 대한 금기

사람들이 닥치는 대로 고기를 먹었던 것은 아니다. 역사적·종교적으로 특정 고기를 피하는 모습이 자주 발견된다. 이러한 풍습은 유목민인 몽골인이 물고기와 닭고기를 먹지 않았던 것처럼 습관적으로 특정한 것을 피하는 '기피'와 종교적인 이유로 먹는 것을 피하는 '금기(taboo)'라는 두 종류로 나눌 수 있다.

금기는 폴리네시아어로 '성스러운 것'이라는 뜻의 'tabu' 혹은 'tapu'란 말에서 유래하며, 초자연적인 힘을 가진 것에 대하여 사회적으로 엄격하게 금지하는 특정한 행위, 또는 만지거나 입 밖으로 내뱉어서는 안 되는 사물이나 사건이라는 의미이다. 금기라는 말은 영국의 탐험가 제임스 쿡이 『여행기』에서 처음으로 언급했는데, 그 후 세계적으로 유명해졌다. 육식에 관한 금기로는 이슬람교와 유대교의 돼지,

제임스 쿡(James Cook, 1728~1779)

힌두교의 소, 유대교와 기독교, 이슬람교의 말이 잘 알려져 있다.

힌두교도는 소에 3억 3,000만 명의 신이 깃들었다고 여겨 소고기를 피하고, 소에서 나오는 것은 모두 신성하다고 믿었다. 이에 반해 유대교와 이슬람교에서는 돼지고기를 부정한 것으로 여겨 피했다. 그 이유로는 여러 가지 설이 있지만 확실하지는 않다. 돼지를 역병의 매개로 여겼다거나, 유대인 일부가 이주해서 살던 이집트에서 돼지를 사육하는 일을 천민이 했기 때문이라는 등의 설이 있다. 이슬람교의 성전인 『코란』에는 "그대들이 먹어서는 안 되는 것은 죽은 짐승의 고기, 피, 돼지고기, 사신에게 바친 것, 목이 졸려 죽은 동물, 맞아 죽은 동물, 추락사한 동물, 뿔에 찔려 죽은 동물, 또한 맹수가 먹

은 것이나 우상 신의 석단에서 도살한 것, 내기를 이용해 나누는 것이다"라고 쓰여 있다. 이슬람교도에게는 돼지고기뿐만 아니라 육식에 관한 엄격한 금기가 부여된 것이고, 관습에 따라 알라의 이름 아래 살해된 고기만을 식용으로 해야 한다.

유대교도는 동물의 피를 빼면 혼이 빠져나간 단순한 고깃덩어리가 된다고 해석하여 고기를 먹는 죄악감을 해소하려 했다. 하지만 피를 안 뺀 고기를 입에 대는 일은 없었다. 『구약성서』의 「신명기」 12장 23~24절에는 "다만 크게 삼가서 그 피는 먹지 말라. 피는 그 생명인즉 네가 그 생명을 고기와 함께 먹지 못하리니. 너는 그것을 먹지 말고 물같이 땅에 쏟으라"라고 기록되어 있다. 동물에게서 뺀 피는 신에게 바치는 공물로 보존되어 제단에 부어졌다.

일조 시간이 짧고 토양이 메마른 유럽에는 이러한 관습이 없었다. 하지만 가축을 고깃덩어리로 바꾸는 푸줏간 주인은 비밀스러운 일을 수행하는 특권을 지닌 직업으로 여겨져 존중되었다. 사람들은 푸줏간에 특별한 능력이 있다고 믿으며 안심하고 고기를 먹었다.

채소가 부족한 몽골고원에서는 가축의 생피가 중요한 비타민과 영양 보충의 수단이었다. 몽골인은 가축의 피를 창자에 넣고 가열해서 먹었다. 마르코 폴로(Marco Polo, 1254~1324)는 『동방견문록』에서 하루에 약 70km에 달하는 속도로 머나먼 원정길을 떠나는 몽골군이 목적지까지 가기 위해서 한 사람당 18마리의 말을 끌고 갔으며, 허기가 지면 말의 혈관을 찔러 나온 피를 마시며 행군을 이어갔다고 썼다.

한편 칭기즈 칸(재위 1206~1227)이 모든 몽골족의 관습법을 통합하여 만든 위대한 야사(Great Yassa), 즉 몽골대법전에는 "짐승을 먹을 때는 사지를 묶고 배를 갈라 짐승이 죽기 전까지 손으로 심장을 압박해야만 한다. 이슬람교도처럼 짐승의 머리를 잘라서 죽이는 자는, 마찬가지로 머리가 잘려 살해당할 것이다"라는 규정이 있었다. 심장을 압박하면 영혼이 빠져나간다고 믿었기 때문이다. 칭기즈 칸은 이슬람교도의 관습이 몽골에 퍼지는 것을 막고 자신들의 전통적인 식습관을 유지하려고 했다.

생존을 위한 것이라고는 하지만 동물의 생명을 빼앗는 일에는 심적인 고통이 따른다. 함께 생활하는 가축이라면 그 고통은 배가 된다. 음식의 지평을 넓히기 위해서는 심리적·종교적인 벽을 넘어서 가축을 대상화하는 과정이 필요했다. 슈퍼마켓에서 스티로폼 접시에 보기 좋게 담겨져 있는 생선 토막은 결코 쉽게 나타난 것이 아니다.

돼지: 동아시아와 유럽의 비장의 카드

소는 10,000년 전쯤 동지중해에서 가축화되었고, 양과 염소는 12,000년 전 무렵에 메소포타미아 북부에서 가축화된 것으로 보인다. 말은 5,000년 전에 남러시아에서, 물소(buffalo)는 5,000년 전에 인도에서 가축화되었을 가능성이 있지만 확실하지는 않다. 돼지는

4,000년에서 5,000년 전에 유라시아에 널리 번식했던 멧돼지를 가축화한 것으로 추정되지만 특정은 어렵다. 가축화 이전에 농민이 보조적으로 이용했던 시절도 있었기 때문이다. 야크, 낙타, 순록의 가축화는 좀 더 이후의 시대로 본다.

이 중 오늘날 전 세계에서 식자재로 가장 널리 사랑받는 것은 돼지고기이다. 물론 예외도 있다. 미국과 아르헨티나 등지에서는 소고기를, 오스트레일리아와 뉴질랜드에서는 양고기를 주로 먹는다. 하지만 독일, 프랑스, 영국 등 유럽 전역과 중국, 멕시코 등에서는 돼지고기를 주로 먹는다. 1998년 통계로는 전 세계에서 약 9억 5,000만 마리의 돼지를 사육하고 있고, 그중 절반 이상을 중국이 차지한다.

돼지는 사료에 쓰인 에너지 중 3분의 1을 고기로 바꾸는 것이 가능해 효율이 아주 좋은 가축이다. 양의 경우는 10%를 조금 넘고, 소는 10% 정도에 그치는 것과 비교하면 돼지 사육의 효용성을 알 수 있다. 그러나 젖을 전혀 활용할 수 없고, 무리를 이루는 성격이 아니어서 유목 사회와는 어울리지 않았다.

로마 제국 시대, 현재의 프랑스인 갈리아 지방은 대부분이 숲이었다. 갈리아의 주민들은 숲에서 나는 잡초나 도토리로 돼지를 키웠고, 염장하거나 훈제한 고기를 수도 로마로 보냈다. 중세 유럽에서는 가을에서 겨울이 될 무렵, 사료가 떨어지는 혹독한 겨울을 대비하여 도토리를 배불리 먹인 돼지를 대량으로 처분해 햄과 소시지, 베이컨 등의 보존식을 만들었다. 11월 11일 성 마틴의 축일을 시작으로 크리스마스에 이르는 이 시기는 서민이 일 년에 한 번 배불리 고기를 먹을 수 있는 날이기도 했다. 오늘날에도 유럽의 다채로운 햄과 소시지 등은 놀라울 정도인데, 유럽의 혹독하고 매서운 풍토가 낳은 음식 재료란 것을 생각하면 의미를 더할 수 있다. 참고로 소시지(sausage)는 영어 단어이고, 본고장인 독일에서는 소시지를 부르스트(wurst)라고 부르니 기억해 두자.

보통 고기라고 하면 돼지고기를 뜻할 정도로 중국 요리에서 돼지고기가 차지하는 비중은 상당하다. 중국에서는 '돼지에서 못 쓰는 부분은 울음소리뿐'이라는 말이 있을 정도로 철저하게 모든 부위를 요리에 쓴다. 전통적으로 농업에 많이 활용했기 때문에 필요할 때마다 한 마리씩 도살해서 먹었다. 중화요리는 비곗살 조리법이 특히 뛰어난데, 불과 시간을 잘 조절해 훌륭하리만큼 아름답고 먹기 좋은 요리로 만들어낸다.

남송 시대(1127~1279)에는 전장에서 휴대하는 보존 식품으로 저장성 진화시의 이름을 딴 진화 햄이 만들어졌다. 이는 이탈리아의 파르마산 생햄과 스페인의 하몽 세라노(jamon serrano)와 함께 세계 3대 햄으로 꼽힌다. 햄은 절단면이 불처럼 빨개서 중국에서는 훠투이(火腿)라고 부른다.

스페인에서는 성 마틴의 축일을 즈음해서 돼지를 처분하고 일가족이 다함께 모여 햄이나 소시지를 만들었다. 그중 하나인 하몽 세라노는 스페인의 대표적인 식자재 중 하나가 되었다. 생햄은 훈제한 것, 염장과 건조만 하고 훈제하지 않는 것을 포함해 많은 종류가 있다. 이 중 최고의 생햄은 하부고라는 마을에서 하몽 생산을 위해 도토리를 먹여 키운 이베리코 돼지로 만든 하몽 하부고(jamon jabugo)이다. 유럽이 숲으로 둘러싸여 있던 시절을 연상시키는 햄이다.

그 무렵 스페인의 역사 이야기를 하자면, 8세기에 지브롤터 해협을 넘어서 침입한 이슬람교도에게 정복된 이베리아반도에서 11세기 중반 무렵 이후 기독교도에 의한 국토 회복 운동(레콘키스타, 재정복을 의미하며 8세기 초기부터 1492년까지의 약 800년간 계속되었다–역주)이 일어났다. 그 결과 12세기 중반 무렵이 되면 이베리아반도의 약 절반이 회복되었고 13세기에는 주요 도시였던 코르도바와 세비야를 탈환했다. 1492년에는 알함브라 궁전으로 유명한 그라나다를 정복하며 레콘키스타는 일단 종결을 맺는다. 스페인 왕국도 레콘키스타 와중에 형성된 것이다.

레콘키스타가 한창 진행 중이던 무렵, 스페인에서는 이베리아반도의 경제적 실권을 잡고 있던 유대인을 탄압하여 재산을 몰수한 뒤 그것을 군자금으로 이용하여 이슬람교도와의 전투를 이어나갔다. 이슬람교도에게는 처음에는 융화 정책을 썼지만 유럽에서 종교 개혁의 파도가 일자 가톨릭을 강요했다. 개종을 원하지 않았던 수백만 명의 이슬람교도가 바다 건너 모로코로 도망쳤다. 일련의 과정에서 유대인과 이슬람교도를 구별하는 데 돼지고기가 큰 역할을 하였다. 유대인과 이슬람교도 모두 종교적으로 돼지고기를 먹는 것이 금지되어 있었기 때문에 돼지고기를 줬을 때 먹으면 가톨릭교도이고, 먹지 않으면 두 종교의 신도임이 분명했던 것이다. 아무리 개종했다고 주장해도 돼지고기를 내밀면 모든 것이 명확해졌다.

양: 유목민의 실속 있는 식자재

유라시아 대륙의 중위도 지대에 펼쳐진 동서 8,000km에 달하는 대초원은 양 같은 우제류(偶蹄類, 소, 사슴, 돼지, 양 따위의 발굽이 짝수인 포유류에 속한 목으로 대개는 초식 동물-역주)의 가축 무리를 사육하는 유목민의 생활 무대였다. 소과 동물인 양은 의복이나 양피지를 만들 털과 가죽뿐아니라 온갖 부위를 활용할 수 있는 유용한 가축이었다. 음식 측면에서도 양 한 마리에서 나오는 고기는 어른 두세 명이 먹기에 딱 맞는 양이었다. 그래서 음식이 썩는 것이 가장 큰 문제였던 시절에 실속있는 음식 재료로 환영받았다. 양은 매우 얌전한 동물로 키우는 것이어렵지 않았을뿐더러 식품으로도 안성맞춤이었다.

유목민은 수컷을 중심으로 암컷들이 무리를 만드는 양의 특성을 살려서, 수컷을 거세시켜 개체 수를 제한하는 방법으로 무리를 관리했다. 유라시아 대초원에서 일가족이 생활하기 위해서는 양 200마리 정도를 사육해야 했다고 한다. 유목민은 양가죽과 뼈, 위를 제외하고 모든 부분을 음식 재료로 사용했다. 특히 피는 소중한 비타민원이었다. 양을 해체할 때 피는 따로 그릇에 옮겼고, 향신료와 밀가루를 섞은 뒤 양의 내장에 넣고 이것을 큰 냄비에 삶아서 굳힌 피 순대로 만들어 즐겨 먹었다.

터키인은 원래 중앙아시아의 유목민이었지만, 11세기에 이슬람 제국을 침입하여 실권을 잡아 페르시아인과 아랍인을 이은 중동의 지배자가 되었다. 셀주크 제국(1040~1157)의 시작이다. 터키 요리에 주로 쓰이는 고기는 대초원 지대에서 들여온 양고기인데, 숯불로 양고기를 꼬치구이로 만든 시시 케밥(shish kebob)이 대표적이다.

모직물 공업을 대표 산업으로 하는 유럽에서도 목양의 중심지인 영국을 중심으로 많은 양이 길러졌다. 양고기는 고급 포화 지방산인 스테아르산을 다량 함유하고 있는데, 여기서 특유의 고약한 냄새가 풍겨 향신료와 허브, 조미료 등으로 냄새를 없애 귀족의 연회에 자주 올랐다. 양고기에는 나이 든 양인 머튼(mutton)과 생후 1개월 정도의 새끼 양 램(lamb)이 있다. 이 중에서 램이 식감이 부드럽고 냄새가 적으며 풍미가 좋아 고급 재료로 여겨진다.

소: 19세기에 대중화된 육식의 대표 주자

오늘날 소는 육식의 대표 주자로 여겨지지만, 예전에는 농작과 제물용으로 주로 쓰이고 식자재로는 유제품을 만들 용도로만 제한적으로 활용되었다. 소고기가 식자재로 일반화된 것은 19세기 이후의 일이다. 중국인과 이슬람교도는 소고기를 질 낮은 고기로 보았고 힌두교도는 금기시하여 먹지 않았다.

소고기의 역사가 오래되었을 것 같은 유럽에서도 주로 돼지를 소비했을 뿐, 소는 어디까지나 쟁기를 끌어야 하는 일손이었다. 소는 노령이 되어 농사용으로 쓸 수 없게 되었을 때나 먹을 수 있는 딱딱한 고기였다. 영어로 소고기를 뜻하는 비프(beef)는 다 자란 고기를 의미한다. 그럼에도 불구하고 이 딱딱한 소고기는 19세기 후반까지 왕이나 귀족의 지위를 드러내는 식자재로 여겨졌다. 워낙 귀했기 때문일 것이다. 물론 오늘날에는 헤리퍼드(hereford, 영국산 식용 소의 하나-역주) 종처럼 식용을 목적으로 교배한 부드러운 육질의 소고기가 테이블을 풍요롭게 하고 있다.

소고기는 돈이 많이 드는 식자재이다. 소를 곡물을 먹여 살을 찌울 때 사료로 쓰는 곡물 에너지의 90%, 단백질의 80%가 손실된다. 곡물을 그대로 먹으면 10명이 먹을 분량을 고기로 만들면 한 명에서 두 명밖에 먹지 못할 양이 되는 것이다.

"대영 제국이 해가 지지 않는 나라로 발전한 것은 본국의 요리에서 벗어나기 위해 영국인이 세계로 뻗어나갔기 때문이다"란 뒷말이 있을 정도로 영국 요리는 맛없기로 정평이 나있다. 좋은 식재료가 그다지 많지 않았던 영국이지만, 대표 요리로 자랑하는 것 중 하나가 로스트비프(roast beef)이다. 로스트비프는 잉글랜드에 주둔한 고대 로마군이 정복지 잉글랜드의 소를 보고 고안한 요리로, 소고기 부위 중 비교적 부드럽고 큰 고깃덩어리를 골라 소금과 후추를 뿌린 후

무명실로 묶어서, 기름을 두른 오븐에 강한 불로 고기가 마르지 않도록 육즙을 부어가며 구워 만든다. 고깃덩어리가 커서 불이 다 닿지 않기 때문에, 고기를 불길에서 조금 멀리해서 정성껏 로스트(roast, 열을 가해 찜)하는 것이 중요하다.

또 다른 대표적인 소고기 요리로 두껍게 자른 고기를 평평한 철판 위에서 구운 스테이크가 있다. 스테이크는 화형을 치를 때 사람을 묶던 말뚝에서 따온 말이라고 하는데, 요리하는 과정을 보면 이해가 된다. 스테이크용 고기로는 비교적 부드러운 등뼈 안쪽의 안심과 등심을 귀하게 여겼다.

스테이크는 고기를 굽기만 하면 되는 요리이지만, 불의 세기에 따라 맛이 천차만별이다. 강한 불로 고기의 표면만 굽는 레어(rare), 붉은 육즙이 남아 있는 미디엄 레어(medium rare), 보통 정도의 굽기로 고기의 절단면이 복숭앗빛을 내는 미디엄(medium), 육즙이 거의 나오지 않는 웰던(well-done), 이렇게 네 단계를 기본으로 굽는 정도를 섬세하게 조절하면 각 단계에 따른 식감과 풍미의 차이를 즐길 수 있다.

유럽을 대표하는 스테이크로 설로인(sirloin)과 샤토브리앙(chateaubriand)이 있는데, 이름에 얽힌 이야기가 재미있다. 설로인의 등장은 엘리자베스 1세(재위 1558~1603)가 70세에 세상을 뜬 후, 스코틀랜드의 지지로 잉글랜드 왕이 된 제임스 1세(재위 1603~1625) 시대로 거슬러 올라간다. 제임스 1세는 본인을 인류의 선조인 아담에 빗

대 '잉글랜드인의 아버지'
라고 칭하면서 잉글랜드
의 청교도를 혹독하게 탄
압한 것으로 유명한데, 잉
글랜드의 소고기만은 사랑
했다고 한다. 그런 제임스
1세가 어느 연회에서 지방
이 적당히 섞여 풍미가 가
득한 소고기를 먹고 감격
하여, 그 고기가 어느 부위
냐고 물었다. 이에 하인이
배 부근의 어깨뼈에서부터
넓적다리 부분까지인 로인
(loin, 등심)이라고 대답했는

제임스 1세(재위 1603~1625)

데, 그 부위에 귀족의 칭호인 서(sir)를 붙여 부르게 했다. 그 이후 설
로인(sirloin)은 지방이 적은 필레(filet, 영어로는 텐더로인으로 안심을 뜻함)보
다 높은 지위를 차지하게 되었다.

샤토브리앙은 프랑스식 스테이크로, 필레 중에서도 끝에서
8~9cm 들어간 가장 두꺼운 부위를 3.5cm 정도로 두툼하게 썰어
서 석쇠에 구운 스테이크이다. 프랑스 혁명 중에 망명했다가 복귀하
여 부르봉가를 섬긴, 정치인이자 미식가였던 샤토브리앙(1768~1848)

남작의 요리사였던 몽미레이유가 고안한 요리법으로 지방이 적으면서도 부드러운 것이 특색이다. 집에서 만든 다갈색의 샤토브리앙 소스를 뿌리고 버터에 볶은 감자를 곁들인 순 살코기 스테이크는 얼마 지나지 않아 샤토브리앙이라는 이름으로 널리 퍼지게 되었다.

닭: 20세기 미국을 사로잡은 새로운 식자재

오늘날 세계에서 가장 많이 사육하는 식용 조류는 꿩과에 속하는 닭이다. 세계 각지에서 많은 종류의 닭을 기르고 있어서 원산지를 특정하기는 어렵지만, 인도나 동남아시아 일대에 사는 적색야계(赤色野鷄, red jungle fowl)가 원종이 아닌가 싶다. 닭은 원래 투계나 감상을 목적으로 가축화한 것으로 처음부터 식자재로 이용했던 건 아니었다.

고대 로마에서 닭은 군신 마르스가 기르는 신성한 새로 여겨졌다. 이러한 전통이 이어져 유럽에서는 닭을 용기의 상징으로 여겼고, 특히 시간을 알려주는 수탉은 기독교에서 부활의 상징으로 쓰였다. 프랑스와 포르투갈 등지에서 유난히 수탉을 좋아하는 이유는 이 때문이다.

닭은 일 년에 20개에서 40개의 알을 낳는데 그다지 많은 양은 아니다. 그러나 닭을 함부로 잡지 못하고 달걀만 식재료로 삼다가 달걀을 낳지 못하게 된 닭이 나오면 식용으로 삼던 시절에는 그 정도로도 충분했을 것이다. 닭고기는 인기 있는 식재료도 아니었다. 늙은 닭은 그다지 맛있지 않았기 때문이다.

닭고기는 상하기 쉬워 보관이 용이하지 않아 냉장 기술이 발달한 19세기 이후에야 담백하고 부드러운 맛의 건강한 식자재로 널리 사랑받게 되었다. 닭은 환경에 적응하는 능력이 뛰어나고 집약적으로 기르기 때문에 사육이 쉬웠다. 양계 산업의 체계가 잡히자 닭고기는 싼 값에 공급되기 시작했다. 20세기 후반 미국에서는 통닭구이용으로 개발된 브로일러(broiler, 고기를 굽는다는 의미의 브로일에서 유래)를 공장식으로 대량 사육하기에 이르렀다.

조류는 알에서 부화한 후 2, 3개월 사이면 급속도로 자라 성체가 되고, 그 이후에는 더 이상 커지지 않는다. 브로일러는 이러한 특징을 반영하여 겨우 60일에서 90일 사이에 2kg 정도로 살을 찌운 영계로 출하된다. 브로일러는 사료로 들어가는 에너지가 고기로 바뀌는 전환율도 소나 돼지와 비교할 때 다섯 배 정도 효율적이다. 브로일러의 체중을 1kg 증가시키기 위해 드는 사료는 약 2kg에 불과하다. 비교적 최근에서야 대중화되었기 때문에 종교적인 제약도 없던 닭은 모두가 사랑하는 식용 고기로 사랑받게 되었다.

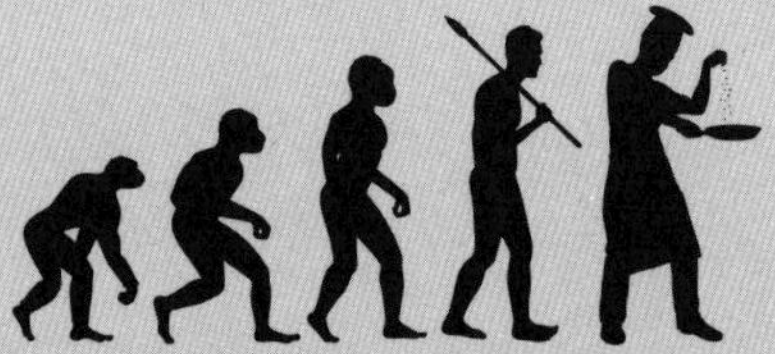

3장

세계 4대 요리권의
탄생

지역별로 식자재와 조미료, 조리 기술이 조합
되어 요리 체계가 정리된 것은 지금으로부터
4,500년에서 4,000년 전 사이의 일로, 거대 제
국들이 그 기초를 다졌다. 특히 제국의 수도에서
발달한 궁정 요리를 중심으로 요리의 체계화가
진행되었다.

제국에서
체계화된 요리

제국과 궁정 요리

지역별로 식자재와 조미료, 조리 기술이 조합되어 요리 체계가 정리된 것은 지금으로부터 4,500년에서 4,000년 전 사이의 일로, 거대 제국들이 그 기초를 다졌다. 특히 제국의 수도에서 발달한 궁정 요리를 중심으로 요리의 체계화가 진행되었다.

독일의 철학자 야스퍼스(Karl Jaspers, 1883~1969)는 기원전 7세기부터 기원전 6세기 사이에 유대교, 조로아스터교, 불교, 유교, 그리스 철학 등이 동시에 등장한 것을 주목했다. 철학사에서 기축 시대(Axial Age)라고 부르는 이 시기에 거대한 제국 역시 형태를 갖췄다. 도시가 성장하여 대도시로 발전했고, 그곳을 중심으로 제국의 시스템이 모습을 드러냈다. 음식의 세계에서도 지역별로 고유한 곡물, 식육, 채소를 이용해 요리라는 소비 양식을 체계화하였다.

흥미로운 점은 기원전 7세기부터 기원전 1세기에 걸쳐서 서아시아의 아케메네스 제국(기원전 550경~기원전 330경), 남아시아의 마우리아 왕조(기원전 317경~기원전 180경), 동아시아의 진·한(秦·漢) 제국(기원전 221~기원후 220), 지중해 세계의 로마 제국(기원전 27~395년에 동서 분열) 같은 대제국이 유라시아에 잇달아 등장한 것이다. 도시의 형성과 문명의 성립은 기원전 5,000년 무렵의 일로, 제국이 세워진 시기는 문명의 성립과 현대의 중간 정도에 위치한다.

새롭게 성립된 대제국의 수도에는 세금을 통해 막대한 부가 쌓였고 이를 기반으로 상인들의 활동이 활발해졌다. 이러한 가운데 각 지방의 식자재, 조미료, 요리 기술이 수도로 유입되었고, 왕궁 조리사 등 전문가의 손에서 요리 체계가 정비되었다. 수도에서 체계화된 요리법은 지방의 도시를 경유해서 제국 주변 지역으로 전해졌고, 요리권이 형성되었다. 동아시아, 서아시아, 남아시아, 지중해 요리권이 탄생한 순간이다.

세계 3대 요리

"세계에서 가장 뛰어난 요리는?"이라고 질문하면 다양한 답이 가능하겠지만, 일반적으로 중국 요리, 프랑스 요리, 터키 요리를 세계

3대 요리로 꼽는다. 그러나 이 세 요리가 형성된 시기에는 현전한 차이가 있기 때문에 역사적으로는 그다지 타당하지 않다.

중국 요리는 진·한 제국 이후로 2,000년 넘게 중화 제국의 전통 안에서 자랐으며, 송나라(10세기 말~13세기) 때 기본 형태가 정비되었다. 중국 요리는 복잡다단하지만, 크게 청나라(1616~1912)의 궁정 요리를 이어받은 베이징(北京) 요리, 양쯔강 하류의 풍부한 쌀과 어패류를 식자재로 하는 상하이(上海) 요리, 양쯔강 상류의 내륙 분지에 형성된 쓰촨(四川) 요리, 그리고 남쪽의 풍부한 해산물을 잘 살린 광둥(廣東) 요리로 구분할 수 있다. 각각의 요리에는 지역의 특색을 반영한 명물 요리가 있으며 폭넓고 깊은 내연을 지니고 있다. 한편 중국에서는 의술과 요리를 하나로 보곤 하는데, 오랜 세월 동안 자연에서 온 다양한 산물의 효능을 연구했기 때문일 것이다. 또한 중국 요리는 재료와 손질법, 조리법에 따른 분류 체계를 갖추어 비교적 이해하기 쉽다.

터키 요리는 세 대륙에 걸친 넓은 영토를 자랑한 오스만 제국(1299~1922)하에서 체계화된 것으로, 그다지 오래된 편은 아니다. 흔히 터키 요리라고 하면 양 꼬치구이인 시시 케밥(shish kebob)이나 빵과 함께 먹는 되네르 케밥(döner kebob) 등을 떠올리지만, 그것뿐만은 아니다. 돌마(dolma) 또는 사르마(sarma)라고 부르는 각종 재료로 속을 채운 요리도 있고, 불가리아산이 유명한 요구르트도 알고 보면 터키어의 요우르트(yoğurt, 휘젓는다는 의미)에서 온 말이다. 터키 요리는 서아시아와 중앙아시아 그리고 지중해 요리가 합쳐진 형태로 그야말로 제국다운 요리이다.

16세기 오스만 제국의 수도 이스탄불에 있는 토프카프 궁전의 주방은 매일 6만 명분의 음식을 제공할 수 있는 규모와 체제를 자랑하고 있었다. 하루에 사용되는 식자재가 양 200마리, 새끼 양과 염소가 100마리, 닭이 600마리 남짓에 이르렀다고 한다. 터키 요리는 오스만 제국의 궁정 요리를 중심으로 각 지방의 요리가 조합되어 형태를 갖추어 나갔다.

프랑스 요리는 고대 로마 제국의 궁정 요리를 토대로 세련된 조리 기술과 지역의 명물 요리를 조합한 것이다. 19세기에 체계화되었기 때문에 근대 이후의 요리라고 할 수 있다. 19세기의 유럽은 세계 각지의 식민지로부터 막대한 부가 흘러들어 오는 제국들의 각축장이었는데, 프랑스 요리는 이 시대가 낳은 산물이라고 할 수 있다.

맛의 토대를 구축한 세계 4대 요리권

역사적 맥락을 고려해 세계의 요리를 살펴보면 다음과 같은 구분도 가능하다.

1. 주로 돼지고기를 기반으로 다양한 장과 기름을 사용한 요리와 특유의 보존 식품이 인상적인 중국 요리권

2. 커리와 기(ghee, 기름)를 이용한다는 특징이 있고, 양과 닭을 주재료로 쓰는 인도 요리권

3. 이란, 아랍, 터키 등 다수의 요리 문화가 섞여 있어 복잡하지만, 양을 주재료로 강렬한 양념을 많이 사용하는 아라비아 요리권

4. 빵을 주식으로 하며 햄과 소시지 같은 육류 요리가 특징인 유럽 요리권

이러한 구분은 거대한 제국을 기반으로 형성된 세계사의 틀과 겹친다. 그러므로 이 4대 요리권을 통해 대항해 시대 이전의 음식 세계를 상상해 보는 것은 충분한 의의가 있다. 각 요리권을 체계적으로 기술하는 것은 지면 관계상 어려우므로 4대 요리권의 특징을 상징하는 배우를 등장시켜 각 요리권의 특징을 알기 쉽게 그려보고자 한다. 예시로 드는 식자재는 일종의 상징적인 성격을 포함하고 있으므로 우리에게 익숙하지 않은 것도 있다.

건조 지대에
뿌리를 내린
중동 요리

땅의 상징 사프란

중동 요리는 타빌(tabil)이라고 부르는 향신료 믹스를 많이 이용한다는 특색이 있다. 타빌 중에서도 예부터 건조 지대의 생활과 관련 있는 향신료 사프란(saffron)을 예로 들어 설명해 보자. 이슬람 세계에서 널리 이용하는 고가의 향신료인 사프란은 가을에 피는 크로커스(crocus)의 암술을 모아서 만든다. 좋은 향을 내는 사프란은 진통, 발한, 부인병 등에 약효가 있으며 노란빛으로 물들이는 착색제이기도 하다.

사프란은 후일 유럽에 전해져 지중해 요리에도 널리 사용되었다. 사프란이라는 명칭은 아랍어 자파란(zafaran)에서 기원을 찾을 수 있

사프란

는데, 그 뿌리가 서아시아에 있다는 것을 알 수 있다.

사프란의 재료인 크로커스는 메소포타미아 문명의 기초를 다진 수메르어에서 온 이름이라고 하는데, 가장 오래된 문명인 수메르와 이어지는 유일한 현대어라 할 수 있다. 딱딱한 토양을 뚫고 봄이 오는 것을 알리는 크로커스는 수메르인의 마음을 온화하게 만드는 특별한 꽃이었다. 수메르인은 이 사랑스러운 꽃을 통해서 태양의 은총을 느꼈을 것이다.

세계에서 가장 오래된 문명은 메소포타미아 남부에서 발생하였고, 그 선봉은 수메르인이었다. 참고로 수메르란 말의 어원은 '엔·기·라'인데, 이는 '땅·지배자·갈대'를 뜻한다. '땅의 주인'이라는 의미인 것이다. 늪과 연못으로 둘러싸인 습한 땅이 그들이 생활하는 터전이었다.

수메르인은 보리를 재배하여 생활을 유지했는데, 황량한 땅이 밭으로 되살아나는 봄을 그 무엇보다도 기다렸을 것이다. 그들에게 있어 봄이 왔다는 신호는 딱딱한 땅을 뚫고 노란색 꽃을 피우는 크로커스였다.

황금색의 크로커스는 머지않아 향신료와 약품으로 이용되는데, 이것이 사프란이다. 사프란은 여름에 받은 태양의 은총으로 가을이면 옅은 자주색의 꽃을 피우는 크로커스의 암술머리를 따서 모아 말린 향신료로, 특유의 붉은빛은 태양 에너지를 응축한 것으로 여겨졌다. 사프란은 100g을 만드는 데 4만 개의 암술이 필요한 매우 고가의 향신료이다. 참고로 사프란은 그 양에 비례해서 15만 배의 물을 노랗게 염색할 수 있을 정도로 착색력이 뛰어나다. 그만큼 요리의 색도 선명하게 만들 수 있다.

사프란은 이슬람 시대에도 귀중하게 여겨졌다. 『아라비안나이트』에 수록된 「알리 샤르와 즈무루드의 새콤달콤한 사랑」에는 인도에서 온 쌀과 사프란을 조합해서 만들었다는 사프란 라이스가 등장한다. 사프란이 인도에 전해진 뒤 만들어졌을 사프란 라이스는 오늘날에도 인도를 대표하는 요리 중 하나이다.

사프란은 지중해 연안으로도 전해져 프랑스의 부야베스(bouillabaisse, 생선을 비롯한 해산물과 마늘, 양파, 감자 등을 넣고 끓인 지중해식 생선 스튜로 프랑스 마르세유 지방의 전통 요리-역주)와 스페인의 파에야(paella)에도 빠질 수 없는 향신료가 되었다. 그러나 고가의 사프란은 예상할 수 있겠지만, 빈번하게 가짜가 만들어졌다. 말하자면 당시의 짝퉁인 셈이다. 당연히 가짜를 만든 업자는 엄벌에 처해졌다. 16세기의 프랑스 왕 앙리 2세는 사프란의 재배를 장려하는 한편, 혼합물을 넣은 사람을 적발해 사형에 처하기도 했다.

밀보다 오래된 대추야자

서아시아는 가장 오래된 밀 문화를 자랑하는데, 예로부터 난이라고 부르는 다양한 형태의 아주 얇은 발효 빵을 먹었다. 아프가니스탄에서는 식사 그 자체를 난이라고 부를 정도였다. 우리가 밥을 부르는 것을 생각해 보면 어떤 의미인지 알 수 있다.

난은 유럽의 빵과 비교할 때 보다 간편하게 먹을 수 있다는 점이 특징이다. 난 사이에 음식 재료를 넣고 두 번에서 네 번 정도 접어서 손으로 먹으면 그만이다. 그렇게 서아시아는 손으로 음식을 먹는 문화권이 되었다.

난을 만드는 방법은 전날 밀가루를 충분히 개어 반죽을 만드는 것부터 시작한다. 이때 이스트를 넣을 때도 있지만, 전통적으로는 넣지 않았다. 그렇게 하룻밤 재워 둔 반죽을 넓은 판 위에서 1cm 정도의 두께가 되도록 주간지 정도의 크기로 늘린 뒤, 높은 온도로 예열해 둔 가마 안쪽 벽에 재빠르게 붙여서 굽는다. 매우 단순한 작업이지만, 고온에서 재빠르게 구워 내는 것은 꽤 어려운 일이다. 이란 속담에 "난은 화덕이 뜨거울 때 붙여라"라는 말이 있는데, "쇠는 뜨거울 때 두드리라"는 말과 일맥상통한다.

메소포타미아 문명 시대에는 껍질이 딱딱한 밀을 장기간 보존하기 위해 불거(bulgur)를 만들었다고 한다. 불거는 막 수확한 밀에 물을 부어서 부드럽게 될 때까지 삶은 뒤 햇볕에 말린 다음 돌이나 맷돌을 이용해 가루 상태로 만든 것이다. 오래갈 뿐만 아니라 물만 부으면 쉽게 요리할 수 있어 오늘날에도 이 일대에서 즐겨 먹는 식품이다. 이렇듯 밀을 사용한 전통 요리를 계승하고 있다는 점은 서아시아의 요리 문화의 두드러진 특징이다.

한편 이란과 이라크, 북아프리카의 건조 지대에서는 혹독한 환경에서도 잘 자라는 대추야자 열매가 만능 식재료로 생활 속에 자리하였다. 20m에서 30m에 달하는 높이로 성장하는 대추야자는 재배 8년째부터 열매를 맺기 시작하여, 이후 거의 100년간 열매를 계속해서 맺는다. 한 그루의 나무에서 보통 연 70~90kg의 열매를 생산하는데, 큰 나무에서는 270kg 정도를 수확하기도 한다. 메소포타미아에서는 보리보다도 많이 수확할 수 있는 대추야자를 보다 오래된 식자재로 여긴다. 이집트나 메소포타미아에서는 8,000년 정도 전부터 대추야자를 재배했다고 한다.

오늘날에도 유목민들은 대추야자를 주식이자 간식으로 먹는다. 수많은 낙타에 짐을 싣고 사막을 오가던 대상 카라반의 휴대 식량도 말린 대추야자였다. 대추야자의 씨는 낙타의 사료로도 유용했고, 열매를 으깨서 만든 시럽은 고대 이후 이 지역 요리에서 빠질 수 없는 조미료였다. 이 시럽은 발효시키면 술이나 식초가 되기도 했다. 메소포타미아에서는 유럽에서 발효 빵으로 맥주를 만들던 시대보다 훨씬 전부터 대추야자를 발효시켜 빚은 술 나비즈(nabiz)를 마셨다. 대추야자는 건조 지대에서 성장한 서아시아의 모든 문명을 지탱한 소중한 먹거리였으며, 오늘날에도 북아프리카와 이란 그리고 아라비아 사람들의 소중한 재산이다.

아라비아반도를 북상한 커피

오늘날 유럽을 대표하는 기호품인 커피는 원래 이슬람 세계에서 즐기던 것이었다. 17세기에 오스만 제국에서 유럽으로 커피가 전해졌는데, 때마침 유럽을 휩쓴 종교 개혁 때문에 인간의 이성을 둔하게 만드는 와인과 맥주 같은 알코올음료 대신 이성을 각성시키는 음료라며 크게 환영받았다.

커피의 원산지는 에티오피아, 수단 등 동아프리카 일대로 그 종류는 50~60가지에 이른다. 생두가 든 커피나무의 열매는 체리처럼 붉어 커피 체리(coffee cherry)라고 부르며, 현재 가장 많이 재배되는 아라비카종은 6세기 무렵부터 아라비아반도에서 재배하기 시작한 품종이다.

처음에는 커피를 곡물처럼 삶아서 콩을 먹거나 우려낸 물을 마시는 등의 방법을 썼을 것이다. 지금도 에티오피아의 유목민들은 씨앗을 갈아 만든 분말을 버터를 이용해 구슬 모양으로 만들어 굳힌 뒤

커피나무 열매

휴대용 식량으로 가지고 다닌다. 가지고 다니기 편한 만큼 커피콩은 매우 소중하게 여겨진다.

커피와 관련한 최초의 기록은 10세기 초반 이슬람 세계를 대표하는 의학자 라제스(865?~923)가 "커피는 사지를 튼튼하게 하고 피부를 맑게 한다"라고 남긴 것이다. 약용으로 널리 알려지게 된 커피를 달여 마시게 된 것은 13세기에 이슬람 사회에서 이단으로 치부하는 신비주의 경향의 수피교도가 아라비아반도의 남쪽 끝 예멘에서 수행법으로 커피를 마시면서부터라고 한다.

에티오피아에서는 커피를 원래 분나(bunna)라고 불렀는데, 인도양과 홍해, 아프리카와 아라비아를 연결하는 교역의 십자로인 아덴 항에 전해지면서 명칭이 변했다고 한다. 이곳에서는 커피나무와 콩을 번(bun), 마시는 커피를 카와(qahwa)라고 구분해서 불렀는데, 카와에서 커피라는 말이 나오게 된 것 같다.

카와는 달여서 만드는 음료라는 의미로, 수피교도가 마시는 알코올음료를 뜻했다. 당시의 카와가 발효시킨 커피콩으로 빚은 술이었는지 아니면 단순히 와인 등에 커피 분말을 넣은 것이었는지는 정확히 알 수 없지만, 알코올의 취기가 정신적 활동에 집중하며 신과의 일체화를 지향한 신비주의 수피교도에게 종교적으로 유용했음은 확실하다.

그러나『코란』은 술을 마시는 것을 엄격히 금지하고 있다. 더욱이 예멘의 수도 자비드는 819년에 아랍 최초의 대학이 건설되어, 전성기에는 아라비아와 아프리카에서 5,000명 정도의 유학생이 몰리던 일종의 학술 센터였다. 그렇기 때문에 커피를 알코올음료로 마시는 것은 안 될 일이었고, 커피콩을 볶아서 발효를 막는 방법이 고안되었다. 13세기 무렵의 일이었다.

그런데 커피를 볶자 마치 마법처럼 그 향이 진해지면서 본연의 풍미까지 끌어내는 얄궂은 일이 생겼다. 참고로 오늘날에도 커피는 볶는 것이 생명이다. 약하게 볶으면 산미가, 강하게 볶으면 쓴맛이 진해지는데, 복잡 미묘한 맛의 변화를 이끌어내는 볶는 과정은 커피 제조에 있어 핵심이라 할 수 있다.

　매혹적인 커피의 향은 이슬람 세계를 따라 점차 북상하였다. 1551년이 되자 오스만 제국의 수도 이스탄불에 세계 최초의 커피 하우스가 등장했고, 카이로와 다마스쿠스 같은 주요 도시에 유행처럼 퍼져 나갔다. 1560년 무렵에는 이스탄불에 약 600개가 넘는 차이하네(cayhane)라고 불리는 커피 하우스가 성업했다고 한다.

숲과 지중해에서 자란
유럽 요리

로마의 맛은 생선장에서부터

생선장(fish sauce, 어장유)은 염장한 해산물을 1년 이상 저장하고 숙성시켜 만든 조미료이다. 해산물이 썩는 것을 소금을 써서 억제하면서, 생선 내장에 들어 있는 효소로 단백질을 분해하여 짠맛을 적절하게 끌어낸 것이다. 쉽게 설명하자면 생선 젓갈을 최대한 액체로 만든 것이다.

바다와 깊은 관련이 있는 지역에는 다양한 종류의 생선장이 있다. 작은 생선이나 새우를 원료로 하는 태국의 남플라, 정어리의 일종인 까껌 등을 원료로 하는 베트남의 느억맘, 새우를 원료로 하는 인도네시아의 트라시 등이 대표적이다. 생선장은 동아시아 일대에서도 광범위하게 사용되고 있으며, 한국의 새우젓이나 멸치젓, 중국의 위루(魚露), 일본의 숏쓰루 등이 유명하다.

지중해를 내해(內海)로 하던 로마 제국에서도 주된 조미료는 생선 장으로, 로마 요리는 생선장 요리라 해도 과언이 아닐 정도였다. 로마의 생선장은 가룸(garum) 또는 리콰멘(liquamen)이라고 불렀는데, 소금물에 멸치 같은 생선이나 새우를 담가 2~3개월간 발효와 숙성을 거쳐 여과시킨 조미료이다.

지중해 각지에서는 고대에 침몰한 배의 지하에서 가룸 결정이 붙어 있는 암포라 항아리가 다수 발견되었는데, 기원전 5세기 무렵부터 가룸이 조미료로 사용되었음을 알 수 있다. 가룸은 멸치나 청어의 내장을 염장한 후 햇빛에 말린 다음, 바짝 졸인 향초 물을 넣은 후 걸러서 만든다. 강렬한 향이 나는 상당히 매운 조미료였다고 하는데, 매운맛을 좋아한 로마인의 취향에 맞춤이었을 것이다. 또한 가룸은 두세 방울로도 요리의 맛을 완전히 바꿀 수 있을 정도로 개성이 강한 조미료였는데 값도 매우 고가였다고 한다.

가룸의 생산지는 남부 갈리아(오늘날 프랑스)와 이베리아(오늘날 스페인) 등 지중해 연안이었으며, 당연히 가룸을 취급하는 업자들이 이 지역에 포진해 있었다. 그러나 7세기부터 8세기 사이에 이슬람교도의 정복 운동으로 지중해를 이슬람교도가 지배하게 되면서 고대 지중해 세계는 남쪽의 이슬람 세계와 북쪽의 기독교 세계로 분열되었다. 이후 기독교 세계의 중심이 알프스 이북인 내륙으로 옮겨 가면서 해안 지대에서 생산되던 가룸은 잘 쓰이지 않게 되었다.

안초비(anchovy)는 멸치의 내장을 빼고, 소금과 향료를 넣어서 반 년 이상 발효시키던 고대 조미료의 흔적이다. 대형 마트에서 흔히 볼 수 있는 안초비 통조림은 멸치에서 머리와 내장, 뼈를 제거하고 반년 이상 염장하여 숙성시킨 후 올리브유에 절인 것으로 매우 짠 맛을 내는 것이 특징이다.

오늘날에도 남이탈리아와 남프랑스 일대에서는 숙성시킨 안초비 절임을 샐러드, 피자, 파스타의 풍미를 끌어내는 조미료로 널리 사용한다. 인도의 조미료를 흉내 내서 만든 영국의 우스터소스에도 풍미를 더하기 위해 전통적으로 안초비를 첨가하는 방법을 쓴다. 참고로 안초비는 바스크어로 말린 물고기를 뜻하는 안초바(anchova)가 변해서 생긴 명칭이라고 한다.

오일의 어원 올리브

지중해를 대표하는 식자재로 올리브를 빼놓을 수 없다. 매끈한 타원형의 이 열매는 덜 익었을 때는 염장을 하고, 검게 숙성시킨 것으로는 올리브유를 만든다. 최근에는 콜레스테롤 수치를 낮추는 효과가 있다고 하여 아시아에서도 큰 인기를 끌었다. 올리브유는 정제하지 않은 버진 오일(virgin oil)과 정제한 기름에 버진 오일을 넣어 사용을 쉽게 한 퓨어 오일(pure oil), 그리고 가장 처음 짜내어 산도가 낮은 엑스트라 버진 오일(extra virgin oil) 등이 있다. 오늘날에는 몸에 좋은 기름으로 여겨져 가정에서도 다양한 종류를 구비하고 있는 경우가 많다.

올리브의 원산지는 소아시아에서 시리아에 이르는 동지중해의 해안 지역이며, 5,000년 전부터 재배되었다. 『구약성서』의 창세기에는 대홍수가 끝나고 노아의 방주에서 비둘기를 풀자 저녁 무렵에 비둘기가 올리브 잎을 물고 돌아왔다는 이야기가 나온다. 지중해 일대는 여름 강수량은 적지만 하층토가 습기를 머금어 축축했기 때문에 올리브나 무화과의 재배지로 적당했다.

대량으로 재배한 올리브 열매는 식용뿐만 아니라 등유(灯油)나 식용유로도 널리 사용되었다. 수확 직후의 잘 익은 올리브 열매는 20%가 유분으로 이루어져 있다. 그리스어로 올리브를 엘라이아(elaia)라고 부르는데, 기름이란 뜻의 엘라이온(elaion)과 유사하다. 아주 오래전부터 올리브를 기름으로 사용했음을 알 수 있는 증거이다. 올리브의 어원은 라틴어 올리바(oliva)인데, 오일(oil)은 올리브를 잘못 발음해 생긴 이름으로 보인다.

고대 그리스 세계에서 최대의 특산품은 올리브였다. 아테네에는 이러한 전설이 내려온다. 새롭게 폴리스가 건설되어 수호신을 선택해야 하는데, 지혜와 전쟁의 신 아테나와 바다의 신 포세이돈이 한 치의 양보도 없이 싸우기를 계속했다. 이에 시민들은 더 좋은 선물을 보낸 쪽을 이긴 것으로 하기로 했다. 아테나는 올리브 나무를 보냈고, 포세이돈은 해마를 보냈다. 결국 아테나의 선물을 더 좋게 본 까닭에 도시의 이름을 아테나에서 따온 아테네로 정했다는 것이다. 한편 아테네의 수호신 아테나는 올리브 재배의 신이기도 하다.

그리스에서는 올리브 나무를 돌보거나 가공하는 일을 순결한 소녀와 청년에게 맡겼고, 사람이 죽으면 얼굴에 물푸레나뭇과로 향기가 좋은 올리브유를 부었다. 올리브는 맑고 깨끗함, 그리고 성화(聖化)의 상징으로 여겨졌다. 4년에 한 번 개최되는 올림피아 경기의 승자에게는 올리브 관을 씌워줬다. 올리브는 승리의 상징이기도 했던 것이다.

로마에 올리브유가 전해진 것은 기원전 600년 무렵의 일이지만 본격적으로 쓰이게 된 것은 4, 5세기에 들어서였다. 인구가 100만 명을 넘겼던 수도 로마의 한 유적에서 올리브유를 옮겼던 암포라 항아리의 파편이 거대한 산을 이룰 정도로 나왔는데, 무려 4,000만 개의 항아리가 버려진 것으로 추측된다.

빵을 나누어 먹는 사이

지중해 세계와 유럽은 고대 이집트의 계보를 이어 빵을 주식으로 했다. 이집트의 제빵 기술은 로마 제국으로 계승되어 엄청난 발전을 이루었다. 지중해 주변의 광활한 지역을 무력으로 정복한 로마 제국은 제분 기술자나 제빵 장인들을 강제로 연행하여 적극적으로 기술 이전을 꾀했다. 그 과정에서 맷돌로 제분하는 법을 발전시켰고, 빵을 굽는 화덕을 개량하고 말 꼬리털로 체를 만드는 등의 기술이 나왔다. 수많은 정복지에서 양질의 밀가루를 얻을 수 있었기 때문에 로마의 빵 맛이 더욱더 좋아졌다.

로마에는 수많은 빵 전문점이 생겼고 서기 1세기 무렵에는 빵집 조합이 생길 정도였다. 마르쿠스 아우렐리우스 황제(재위 161~180) 시기에는 로마에만 254개의 공동 제빵소가 있었다고 전해진다.

기독교에서 성찬식을 뜻하는 커뮤니언(communion)이란 단어는 본래 빵을 찢어서 함께 먹는다는 의미였다. 즉 예수의 몸을 상징하는 빵을 신자들이 함께 나누어 먹으며 형제의 언약을 맺는 것이다. 예수는 제자들과의 최후의 만찬에서 빵을 찢어서 나누어 주며 "이것은 그대들에게 주는 나의 몸이니라"라고 말했고, 이렇게 빵은 기독교 성찬식에서 빠질 수 없는 음식이 되었다. 커뮤니언은 동료나 친구 사이를 뜻하는 컴패니언(companion)이란 단어의 어원이 되기도 한다. 참고로 소통을 뜻하는 커뮤니케이션(communication) 역시 같은 어원에서 나왔으며, 신에게 바치는 음식을 함께 먹고 신과 인간이 교류한다는 것을 의미한다.

15세기 즈음 북이탈리아의
빵 가게

빵을 만드는 기술은 로마 제국의 멸망과 함께 잠시 쇠퇴했다가 지중해 상권이 부활하면서 다시 살아났다. 중세 유럽에서 숙녀나 영주의 부인을 칭하던 레이디(lady)와 영주를 뜻하던 로드(lord)라는 말은 빵과 관련이 있다. 로드는 고대 영어에서 빵을 지키는 사람을 부르던 말에서 나왔고, 레이디는 빵을 반죽하는 사람에게서 왔다. 중세 시대 영주에게는 빵을 만들고 관리하는 일이 무엇보다도 중요했음을 알 수 있는 흔적이다. 아마도 영주의 부인이 빵 만드는 것을 감독하고 있노라면 어느새 영주가 나와 다 만들어진 빵을 종자들에게 나눠주었을 것이다.

1543년 포르투갈인이 일본의 다네가섬에 총포를 가져온 그해, 빵도 함께 아시아에 들어왔다. 참고로 대항해 시대에 배 위에서 먹던 빵은 장기 보존에 견딜 수 있는 비스킷이었다. 비스킷은 라틴어로 두 번 굽는다는 말에서 어원이 왔는데, 두 번 구워 오래가는 빵이란 뜻일 것이다. 대항해 시대의 선원들은 소량의 비스킷과 와인만으로 거친 바다를 건넜다고 하는데, 포르투갈인이 일본에 들여온 빵이 호밀로 만든 딱딱한 것이었다고 하는 것으로 봐서는 아마 비스킷이었을 것이다. 이러한 유래에서 알 수 있듯이 빵은 포르투갈 말이다.

04

소를 살리는
인도 요리

인간의 활력소가 된 신성한 소

소는 오랜 세월 동안 인간을 도와 딱딱한 밭을 일구어온 몸집이 큰 가축이다. 메소포타미아나 크레타섬 같은 지중해 연안 지역에서 소는 성스러운 동물로 취급되어 왔다. 특히 인더스 문명 이래 인도는 흑소(제부, zebu)를 신 그 자체로서 존중하고 있다. 현재도 1억 8,000만 마리의 소를 기르고 있는 인도는 그야말로 소와 인간이 공존하는 나라이다. 당연히 인도에서는 소고기의 섭취를 피했다. 인도에서 소는 죽여서는 안 되는 존재였으며, 그 울음소리는 아름다움의 극치로 여겨졌다.

그러나 우유라면 이야기가 완전히 다르다. 인도에서도 우유는 인간에게 신비한 활력을 주는 영양원으로 적극적으로 이용했다. 고대 인도의 산스크리트어로 우유는 더(duh)라고 불렸는데 젖을 짠다는 뜻이다. 산스크리트어로 쓰인 대서사시 『라마야나』에는 가루다가 젖의 바다를 저어가 신들의 음료인 암리타를 가져오기 위해 애쓰는 이야기가 나온다. 우유는 여러 식물의

비슈누의 '바하나' 가루다가 뱀의 어머니인 카드루로부터 어머니를 구하기 위해 신들에게서 훔친 암리타의 꽃병을 가지고 돌아왔다.

기원이 되는 자양분이자 풍작의 상징이었던 것이다.

요구르트는 우유를 끓여 냉각시킨 것이나 전날 만들어둔 유제품을 소량 섞어 발효한 것으로, 인도에서는 다히(dahi)라는 플레인 요구르트를 자주 마셨다. 불교의 창시자인 고타마 싯다르타도 금식 수행으로 체력이 쇠약해졌을 때 수자타라는 이름의 소녀에게 요구르트를 받아 기력을 회복했고, 이윽고 부다가야의 보리수나무 아래에서 좌선에 들어가 깨달음을 얻었다고 전해진다. 불살생(不殺生), 즉 살아 있는 생명을 죽이지 않는 것을 중시하는 인도에는 당연히 채식 메뉴가 많고, 대부분의 요리에 다히와 더불어 파니르라는 생치즈를 넣는다.

그리스 로마 시대에도 소는 그 뿔이 달의 형상을 닮았다고 하여

성스럽게 여겨졌고, 우유는 신에게 바치는 공물이었다. 우유에 담긴 신비한 힘을 믿었던 것이다. 이집트 프톨레마이오스 왕조 최후의 여왕 클레오파트라 7세(기원전 69~기원전 30)가 아름다움을 유지하기 위해 우유 목욕을 즐겼다는 전설도 이런 맥락에서 비롯된 이야기일 것이다. 그렇기 때문에 로마 제국에서 우유를 마시는 일은 거의 없었고, 유럽에서 문헌상 우유를 마셨다는 기록은 17세기부터 나온다.

인도에서는 요구르트를 항아리 안에서 잘 섞은 뒤 가열, 탈수 작업을 거쳐 기(ghee)라고 하는 버터 오일을 만들어 다양한 요리의 베이스로 이용했다. 예를 들어 쌀을 기로 볶아 먹거나 커리를 만들 때도 소스나 건더기를 기로 볶는다. 소고기를 먹지 않는 인도에서 고기 대신 우유를 기로 바꿔 요리에 이용한 것이다. 인도 사람들은 기나 요구르트 같은 우유 가공품을 먹으면 신의 에너지가 인간의 몸속에 들어온다고 믿었다.

동아시아에서는 소를 농사에 주로 이용했기 때문에 우유를 마시는 습관이 없었다. 그러다 다른 문화에 관대했던 당나라 시대(618~907)에 와서 유목민의 문화를 받아들이며 일시적으로 유제품이 유행했다. 그 영향을 받아 일본에서도 나라·헤이안 시대(710~1185)에 조정에서 직접 목장을 운영했다거나, 각 지방에서 내야 할 세금을 유제품으로 내도록 했다는 기록이 있다. 그러나 에도 시대(1603~1867)에는 네덜란드인의 거주를 허용한 나가사키의 데지마섬을 제외하고 우유를 생산하지 않았다.

향신료를 혼합하여 만든 조미료, 커리

인도 하면 제일 먼저 커리(curry)를 떠올리는 사람이 많을 것이다. 그런데 인도에는 우리가 흔히 일본식 발음인 카레라고 부르는 이 음식이 없다. 인도에는 마살라(masala)라고 하는 각종 향신료를 혼합한 조미료 종류가 있는데, 이 중 가람 마살라(garam masala)로 맛을 낸 요리가 우리가 아는 커리이다. 커리라는 이름은 18세기에 인도를 지배한 영국인이 붙인 것으로, 이후 일본이 영국 해군을 통해 이 요리를 접한 후 밥에 얹어 먹는 형태로 변형시켜 일본식으로 카레라고 부르게 된 것이다. 커리에 들어가는 마살라는 강렬한 황금빛의 터메릭(강황)을 중심으로 후추와 계피, 정향, 육두구 등 30~40종류에 달하는 향신료를 혼합한 것으로, 오늘날에는 매운맛을 내는 칠리를 넣기도 한다. 인도에는 각 가정마다 고유의 커리가 있다고 할 정도로 다양한 조합법이 있다. 인도가 향

터메릭

신료의 집산지였기에 가능한 일일 것이다.

커리의 어원에 대해서는 여러 가설이 있지만, 남인도의 타미르어로 향신료가 들어간 소스를 의미하는 카리(kari)라는 말에서 왔다는 설이 유력하다. 대항해 시대에 희망봉을 돌아 인도에 도착한 포르투갈인이 조미료 카리를 요리 이름으로 착각하여 그대로 유럽에 전한 것이 오해를 샀다는 것이다. 조미료 자체가 매우 중요한 인도만의 독특한 요리 문화를 포르투갈인이 이해하지 못해 생긴 일일 것이다. 다른 나라의 문화를 온전히 이해하는 건 이렇듯 매우 어렵다. 자문화를 토대로 다른 문화를 바라볼 수밖에 없기 때문이다.

예전에 스리랑카의 콜롬보에서 바나나 잎 위에 올린 퍼석퍼석한 인디카 쌀에 채소 건더기가 든 커리를 섞어서 손으로 먹은 적이 있는데, 매우 신선한 경험이었다. 인도에서는 이스트를 넣지 않아 납작하게 구운 빵인 차파티나 난을 고기나 해산물, 채소 등 다양한 건더기가 든 커리에 찍어서 먹는다.

커리에 황금색을 입히고 고유의 향을 내게 하는 향신료 터메릭에 대해 좀 더 알아보자. 생강과의 여러해살이풀인 터메릭은 뿌리줄기가 커지면 말린 후 가루를 내어 분말 상태의 향신료를 만든다. 인도 상인들이 벵골만과 믈라카 해협을 통과해 진출한 동남아시아에서도 터메릭을 왕성하게 재배하였다. 특유의 황금색은 고귀한 색으로 환영받았고, 화장품과 염료의 재료일 뿐 아니라 부정한 것을 쫓는 용도로도 사용되었다. 15세기 후반에는 태국과 믈라카 등지까지 왕성하게 교역했으며 류큐(오늘날 오키나와)에도 터메릭이 전해졌다.

인도의 터메릭은 서양에도 파상적으로 전파되었다. 인도양 교역을 통해 로마 제국에 터메릭이 전해진 것은 1세기 무렵의 일로, 테라 메리타(terra merita, 훌륭한 대지)라고 불리었다. 여기에서 영어 단어 터메릭(turmeric)이 나왔다. 본격적으로 유럽에 들어온 것은 대항해 시대 이후인 16세기로 값비싼 착색료인 사프란의 대용품으로 사용되었다. 인도와 직접 교역을 시작한 포르투갈인은 터메릭을 인도의 사프란이라고 부르며 사프란의 저렴한 대용품으로 팔았다. 이탈리아, 스페인, 프랑스 등지에서는 터메릭을 통칭 쿠르쿠마(curcuma)라고 부르는데, 그 이유는 산스크리트어로 사프란의 원료인 크로커스를 쿤쿠마(kunkuma)라고 칭한 데 있다. 중국에서는 터메릭을 울금(鬱金)이라고 하는데 울창한 황색 식물이라는 의미이다.

05

대륙에서 꽃핀
중국 요리

주식 요리와 면 요리

중국에서는 서에서 동으로 흐르는 5,400km의 황허강과 6,300km의 양쯔강이라는 2대 하천 유역에서 각기 다른 농경 문화가 발달했다. 건조한 황허강 유역은 밭농사 지대로, 다습한 양쯔강 유역은 벼농사 지대로 발전하며 고유의 풍토를 살려 계통이 다른 농업이 전개되었다.

보리가 중국의 음식 문화에 등장한 것은 한나라 시대의 일로, 그 이전에 황허강 유역의 주된 음식 재료는 전복과 새우였다. 황허 유역은 건조해서 반찬이 될 만한 음식 재료를 다양하게 구할 수 없었고, 전복과 새우로 만든 죽과 떡 등 다채로운 주식 요리가 중심이 된 음식 문화가 발달했다.

한나라 시대가 되면 서방에서 밀과 밀
을 가루로 빻기 위한 맷돌이 실크로드를
통해 전해졌다. 이후 중국에서는 밀가루
면을 주식으로 삼는 문화가 자리를 잡았
고, 밀은 전복과 새우를 이은 풍요로운 음
식 문화의 상속자가 되었다.

면(麵)은 원래 밀가루 자체를 의미하는
말이었지만, 얼마 지나지 않아 밀로 만든
길고 가느다란 국수를 주로 칭하게 되었다. 초창기의 면은 동그랗게
반죽해서 삶은 수제비나 완탕의 피(皮) 같은 모습이었지만, 3세기 무
렵에는 가늘고 긴 형태로 변화하였다. 참고로 예전 중국의 화베이(華
北) 지방에서는 밀을 20%는 떡으로, 40%는 면으로, 40%는 만두로
만들어 먹었다는 기록이 있다. 만두는 밀가루 반죽을 하룻밤 재우고,
다음 날 주먹 크기로 뜯어내 쪄서 만드는 일종의 발효 찐빵이다. 인
도와 서아시아, 유럽에는 밀이 주로 빵의 형태로 보급되었지만, 동아
시아에는 만두나 면의 형태로 보급되었다.

면을 만드는 방법은 크게 세 가지가 있다.

1. 밀가루의 점성을 이용해 가루를 반죽해서 손으로 길게 늘인다.
2. 가루를 반죽해서 납작하게 늘인 뒤 자른다.

3. 틀에 눌러서 압축하여 뽑는다.

이탈리아 상인이 몽골 제국 시대에 유럽으로 가져갔다는 스파게티와 마카로니 같은 파스타 면은 구멍에 반죽을 넣고 눌러 압축하는 방법으로 뽑는다. 이렇듯 면도 여러 문화권에서 각종 재료와 만나 다양한 형태로 발전하였다.

다채로운 장의 세계

중국에서는 콩, 곡류, 해산물 등을 발효시켜서 만드는 조미료를 장(醬)이라고 총칭한다. 장은 독특한 맛과 향미를 지녔으며, 종류도 많고 다양한 조합이 가능한 조미료이다. 그런 점에서 인도의 커리와 비슷한 면모가 있다. 장은 여러 조미료 중에서도 기본이 되는 중요한 식재료이다.

지금으로부터 약 3,000년 전 주나라 시대에 조의 누룩을 이용해 만든 육장(肉醬)이 있었다고 한다. 일종의 고기 젓갈이다. 육장은 접시에 담아 그대로 먹거나 요리에 맛을 더하는 조미료로 사용했다고 한다. 『주례(周禮)』에 따르면 왕의 식탁에 오르는 장의 종류가 무려 120가지에 달했다고 한다. 장 문화는 발달을 거듭해 기원전 400년 무렵의 전국 시대에는 대두나 밀 등을 원료로 하는 곡장(穀醬)이 등장했다. 곡장에는 대두를 발효시킨 황장, 찐 대두를 염장해서 발효시킨 두시장, 밀로 만든 첨면장, 참깨와 기름을 섞어 만든 지마장, 사천요리에서 주로 쓰는 매콤한 두반장 등이 있었다.

대두를 누룩으로 발효시켜 된장에 가까운 황장을 만드는 기술은 전한 시대에 급속하게 퍼졌다. 한무제(武帝, 재위 기원전 141~기원전 87) 때의 역사가 사마천(기원전 145~기원전 86?)은 『사기(史記)』의 「화식열전(貨殖列傳)」에서 큰 도시에서는 술과 된장의 소비량이 많으며, 그것들을 취급하는 상인은 대부호가 된다고 썼다. 후한 초기의 문헌에는 두장(豆醬)이라는 이름의 된장도 등장한다.

일본에는 아스카 시대(538~710)에 된장(일본명 미소)이 전해진 것으로 보인다. 고대 일본의 기본법인 '다이호 율령(大宝律令)'에도 궁중 음식을 관장하는 다이젠쇼쿠에 대두를 발효한 식품이 있다는 기록이 있다. 반면에 나라 시대(710~794)에 당나라 승려 강징이 된장을 가져왔다는 설도 있어 된장의 기원이 확실하지는 않다. 미소는 대두를 삶아서 만든 백미소와 대두를 쪄서 만든 적미소가 있는데 각각 관서, 관동 지방에서 즐겨 먹었다. 이러한 점에서 당나라에서 전해졌다는 된장은 백미소에 가까웠을 것으로 추측된다. 한반도에서는 장의 기본 재료인 메주를 밀조(密祖)라고 불렀는데, 어쩌면 미소라는 명칭은 한반도에서 들어온 것인지도 모르겠다.

간장은 된장에서 파생된 조미료로 액체화한 장이다. 간장은 원래 대두를 삶은 물을 약한 불로 조려서 농축시킨 것이었다고 한다. 후한 말기에서 송대에 걸쳐서는 맑은 장을 뜻하는 장청(醬淸)이나 장즙(醬

汁) 등으로 불렸는데, 된장에서 나온 국물을 뜻한 것이다. 어디까지나 된장의 부산물이었던 간장이 중국에서 장유(醬油)라고 불리며 독립된 조미료로 취급받게 된 것은 명·청 시대 들어서의 일이다.

일본은 1254년에 신슈(信州)의 선승인 가쿠신(覺心)이 송나라에서 된장을 만드는 방법을 들여와 마을 사람에게 된장의 제조법을 알려 주다가 우연히 된장 통 밑바닥에 고여 있는 액체가 맛이 좋다는 사실을 알게 되어 간장을 만들게 되었다고 한다. 타마리 쇼유(溜まり醬油)의 시작이다. 타마리 쇼유는 콩으로 빚은 흑색 간장으로, 생선회나 조림, 구이 등의 요리에 주로 활용된다.

무로마치 시대(1336~1573)에는 교토의 승려 사회에서 단품 위주의 갓포 요리(割烹料理)가 발달하고, 다도와 코스 요리인 가이세키 요리(懷石料理)가 결합하는 등 식문화가 발전하는데, 이때 간장이 주된 조미료로 쓰이며 식문화를 이끌었다. 참고로 이 시기는 정치적으로는 난세였으나 오늘날 일본 문화를 상징하는 꽃꽂이와 다도, 수묵화, 노(能) 등이 등장하고, 일본 주택의 특징인 접대용 다다미방인 자시키(座敷)와 단을 높인 장식 공간인 도코노마(床の間)와 일본식 정원이 완성된 의미 있는 시대이다. 식생활에 있어서도 설탕이 들어오고, 만두와 낫토, 두부 등 현대 일본인에게 필수적인 식품들이 자리를 잡았다.

16세기에는 명나라에서 간장 제조법이 전해졌고, 에도 시대(1603~1867)부터 본격적으로 일본 전역에서 간장을 만들게 되었다. 특히 사시미(회)가 간장과 부동의 파트너 관계가 되었다. 이후 다이즈

쇼유(콩간장)가 일본을 대표하는 조미료가 되어 일식의 기본을 완성하였다.

한국 역시 중국 장 문화의 영향을 받았고 간장, 된장과 함께 쌀과 보리에 고춧가루와 누룩을 넣어 발효시킨 고추장이 만들어졌다. 고추장에 마늘과 고춧가루, 깨 등을 추가하면 한국 요리의 기본양념이 완성된다.

일본의 쇼유(soy sauce, 소이 소스)는 네덜란드 상인에 의해 유럽에 전해져 일본 고유의 조미료로 소개되었다. 20세기에 들어서는 세계적인 조미료로 자리 잡게 되었고, 오늘날 미국에서만 연간 8만~10만 킬로리터의 간장이 소비되고 있다.

차를 마시는 방법

차는 쌀과 마찬가지로 윈난의 산악 지대가 고향으로, 그곳에서 동쪽으로 전파되었다. 차는 처음에는 졸음을 막기 위한 각성제나 몸이 좋지 않을 때 복용하는 해독제로 이용되었다고 한다. 중국에서 차를 음료로 마신 것은 당나라 시대 이후의 일이다. 당나라 덕종 시절인 780년에 전국에서 차세(茶稅)를 거두어들였다는 기록이 있는데, 이를 통해 차 음용이 어느 정도 보편화되었다는 사실을 유추할 수 있다.

차를 마시는 법은 당나라 후기 육우(陸羽, 733~804)가 확립한 것으

육우(陸羽, 733~804)

로 알려져 있다. 그가 쓴 『다경(茶經)』에는 딱딱한 덩어리인 병차(餅茶)를 부셔서 찻잔에 넣은 다음 소금과 생강 등을 넣어 마시는 전다법(煎茶法)이 설명되어 있다. 당나라 말기에는 차를 마시는 방법에 변화가 생겼다. 절구로 간 말차(抹茶)를 미리 찻잔에 넣은 다음 뜨거운 물을 차병에 조금씩 부어가며 대나무로 된 차선(茶筅)으로 휘저어 마시는 점다법(點茶法)이 등장한 것이다. 점(點)은 차병에서 찻잔에 뜨거운 물을 붓는 것을 뜻한다.

차를 끓이는 법이 세련되어지자 귀족과 문인들이 일종의 놀이로 차를 즐기게 되었다. 그들은 차선으로 풍성한 거품을 내서, 거품의 형태가 바뀌는 모습을 그림을 보듯 감상했다고 한다. 이때 생긴 것이 투차(鬪茶)로, 물을 붓는 법이나 차선으로 젓는 방법을 놓고 경쟁했다. 구체적으로는 차의 색, 거품의 색 그리고 거품이 끊을 때 찻물이 보이는 속도 등을 겨루었다고 한다.

투차에서는 순백의 거품 색을 최고로 쳤다. 거품 색은 찻잎을 찔 때의 불의 정도, 달이는 방법에 따라 푸른빛을 띠거나 붉은빛을 띠기도 했다. 또한 거품이 잦아드는 시간이 늦으면 늦을수록 잘 따른 차로 보았다. 승패는 경기를 몇 번 진행하여 이긴 횟수로 정했다. 투차의 유행에 따라 다기도 변화하였다. 투차용으로 유약을 발라 구운 검은색 도자기가 즐겨 사용되었다. 거품이 사라지는 속도를 판단하기 쉽다는 이유에서였다.

당나라 말기에 시작된 투차는 송나라 시대에는 일반 백성들까지 즐기는 취미로 널리 퍼졌다. 송에 유학을 다녀온 승려가 찻잎과 차 도구, 흑잔 등의 다기를 얻어 오면서 일본에도 알려지게 되었고, 일본식으로 다듬어져 다도로 정착하였다.

청나라 시대가 되면 차는 발효시키지 않은 녹차와 재스민, 매실, 장미 같은 꽃을 더한 화차, 완전히 발효시킨 홍차 혹은 흑차, 산화 산소를 반쯤 발효시켜 잎의 중앙은 녹색이지만 주변이 발효되어 빨갛게 된 우롱차 등으로 세분화되었다. 이 중에서 특히 푸젠, 광둥, 타이완 등지에서 생산된 우롱차가 지방을 제거하는 건강식품으로 환대받았다. 그 후 차는 100년이 안 돼 중국을 대표하는 상품으로 널리 알려지게 되었다.

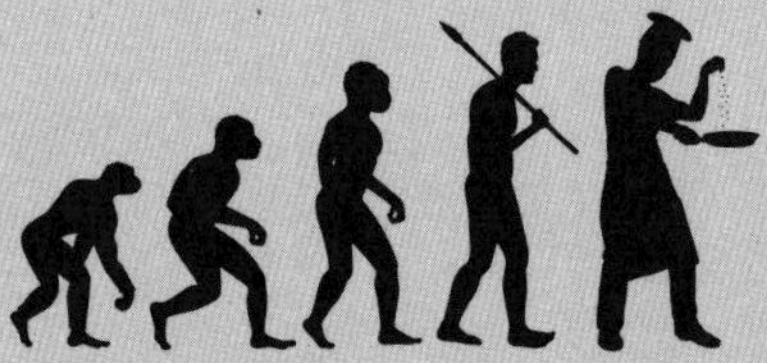

4장

유라시아 대륙의
식문화 교류

유라시아는 많은 문명이 늘어서 있는 거대한 대
륙으로, 늘 인류 역사의 중심에 서 있었다. 그곳
에서 수많은 식문화가 주도권을 놓고 경쟁해 왔
다. 그러면서도 각 문화권은 초원길, 실크로드,
바닷길로 연결되어 있었다. 오랜 세월 동안 각종
식자재와 향신료, 요리법이 길 위에서 장대한
교류를 이어갔다.

식자재의
쉼 없는 이동

이주와 교역을 통해 움직인 식자재

유라시아는 많은 문명이 늘어서 있는 거대한 대륙으로, 늘 인류 역사의 중심에 서 있었다. 그곳에서 수많은 식문화가 주도권을 놓고 경쟁해 왔다. 그러면서도 각 문화권은 초원길, 실크로드, 바닷길로 연결되어 있었다. 오랜 세월 동안 각종 식자재와 향신료, 요리법이 길 위에서 장대한 교류를 이어갔다. 이 같은 교류는 교역과 이주, 포교, 전쟁 때문에 가능한 일이었다. 그중에서도 이주와 무역의 역할이 컸다.

세계사는 7세기에 이슬람의 대정복 운동에 의해 크게 바뀌었다. 고대 지중해 세계와 페르시아가 붕괴하였고, 새롭게 성립된 거대한 이슬람 세계가 유라시아를 지배했다. 이슬람 제국은 아바스 왕조 (750~1258) 시기에 유라시아 대부분을 연결한 상권을 만들었고, 동서를 가로지르는 식문화 교류에 큰 역할을 했다. 페르시아만에서 시작해 인도와 동남아시아, 중국 남부 해역을 연결하는 정기 항로가 개설되었고, 지중해 연안을 연결하는 항로와 사하라 사막을 종단하는 교역로, 러시아의 하천을 이용하여 발트해와 중앙아시아를 연결하는 바이킹 교역로, 전통적인 실크로드 등이 유라시아를 하나로 묶었다. 이 광활한 네트워크 위에서 수많은 식자재와 요리법이 움직였다.

특히 9세기에서 10세기에 걸쳐 인도의 식자재가 서아시아를 넘어 이베리아반도로 이어지는 광활한 이슬람 세계로 전해진 것이 눈에 띈다. 쌀, 사탕수수, 야자나무, 바나나, 타로 고구마, 망고, 가지, 시금치 그리고 감귤류 등이 그것이다.

13~14세기에는 몽골 제국이 유라시아를 정치·경제적으로 통일하면서 육지와 바다 교역로를 지배했다. 음식의 교류 역시 더욱 큰 규모로 이루어졌으며, 동시에 유목민의 식문화가 농경 문화권에 알려졌다.

알리바바가 외운 참깨의 수수께끼

유라시아에서 식자재의 교류는 아주 오래전부터 계속되어 왔다. 수많은 식자재 중에서도 아프리카가 원산지인 참깨는 특히나 오래

참깨

된 것이다. 참깨는 서아프리카 니제르강 유역의 사바나 지대가 원산

지로, 수많은 사람의 손을 거쳐 아프리카와 유라시아의 넓은 지역으

로 퍼졌다. 참깨는 유분을 많이 함유하고 있기에 귀중한 식자재로 대

접받았다.

참깨의 영어 단어 세서미(sesame)는 메소포타미아를 최초로 통일

한 아시리아어 'samssamu'에서 온 그리스어 'sesamon'이 어원이다. 미국의 어린이 대상 텔레비전 프로그램 〈세서미 스트리트〉로 익숙한 그 세서미이다.

고대 이집트에서는 참깨로 만든 과자를 먹었다고 전해지고, 인더스 문명에서도 참깨를 식용으로 사용한 흔적이 나왔다. 한편 참기름에는 피부를 부드럽게 하는 성질이 있어 일찍이 향료를 녹여 미용목적의 기름으로 사용했다. 카이사르와 안토니우스라는 걸출한 인물을 마음대로 조종한 것으로 유명한 이집트의 클레오파트라 7세는 전신에 참기름을 발라 부드러운 피부를 유지했다고 한다. 오늘날에도 흰깨를 정제하여 짠 기름을 머리를 정돈하는 용도로 사용한다.

그러나 그리스 로마 시대부터는 올리브유의 사용이 늘었기 때문에 참깨는 환영도 주목도 받지 못하는 처지가 되었다. 로마의 박물학자 플리니우스(24?~79)가 "참깨는 위에 좋지 않다"라는 말도 남겼을 정도였다.

참깨와 관련하여 『아라비안나이트』의 「알리바바와 40인의 도적」 이야기가 떠오른다. 이야기는 이러하다. 페르시아의 어느 마을에 카심과 알리바바라고 하는 두 형제가 있었다. 형제의 아버지는 유산을 많이 남기지 않았기 때문에 둘은 자신의 인생을 운명에 맡길 수밖에 없었다. 이때 두 사람은 대조적인 길을 걷게 된다. 형인 카심은 돈이 많은 여자와 결혼해 부유한 상인이 되어 윤택한 생을 산다. 형과 달리 동생인 알리바바는 가난한 여자와 결혼했고 장작을 팔아 간신히

생계를 유지하는 처지가 된다.

그런데 생각지도 못한 곳에서 알리바바에게 행운이 찾아왔다. 알리바바가 숲에서 장작을 줍다가 40인의 도적이 동굴에서 금은보화를 옮기는 모습을 우연히 본 것이다. 도둑 무리의 대장이 "열려라 참깨"라고 외치자 신기하게도 동굴의 문이 열렸다. 도둑이 떠난 뒤 알리바바는 "열려라 참깨"를 외쳤고, 동굴의 문을 열어 막대한 보물을 손에 넣었다. 나중에 동생의 비밀을 알게 된 형 카심은 어떻게 해서든 동굴 문을 열고 싶었다. 그는 "열려라 보리", "열려라 귀리", "열려라 누에콩", "열려라 완두콩", "열려라 쌀" 등 여러 곡물의 이름을 넣어 주문을 외쳐보았지만, 문은 꼼짝도 하지 않았다는 이야기이다.

이 즈음에서 대체 왜 참깨가 주문이 된 건지 궁금해진다. 참깨는 익으면 껍질이 길쭉하게 네 갈래로 찢어져 땅으로 씨앗이 떨어진다. 그 모습은 마치 동굴의 문이 열리면서 숨겨져 있던 보물이 갑자기 튀어나오는 것처럼 보인다. 그렇게 '열려라 참깨'는 동굴 속 보물을 얻을 수 있는 유일한 주문이 되었다. 이 이야기에서 알 수 있듯, 이슬람 세계에서는 영양이 풍부한 참깨를 신비로운 이미지로 봤다.

인더스강 유역으로부터 실크로드를 넘어 중국으로 들어온 참깨는 마와 닮았다며 호마(胡麻, 북방에서 들어온 마) 혹은 지마(芝麻)라고 불렸다. 호(胡)는 북방의 유목 세계에서 중국으로 건너왔다는 것을 의미한다. 참깨의 신비로운 이미지는 중국으로도 전해졌고, 무병장수를 약속하는 음식이 되어 특별한 취급을 받게 된다.

북송의 심괄(沈括, 1031~1095)이 저술한 『몽계필담(夢溪筆談)』에는 전한의 무제가 서역에 파견한 장건(張騫, ?~기원전 114)이 중앙아시아의 대원(大苑, 페르가나)에서 참깨를 가져왔다고 쓰여 있다. 이 때문에 중국에서는 오랜 기간 동안 한나라 시대에 실크로드를 거쳐 참깨가 전해진 것으로 믿어왔다. 그러나 근래 들어 저장성의 기원전 5000년 전 유적에서 탄화한 검은 깨가 출토되어 그보다 훨씬 이전에 참깨가 중국에 전해졌음이 밝혀졌다.

대양을 건너온 표주박과 박고지

인도양과 남중국해를 중심으로 홍해와 페르시아만, 벵골만 등을 연결하는 유라시아 남쪽 연안의 바다 세계에서도 식자재와 향신료가 활발하게 교류되었다. 열대 지방에서 온 식재료는 지중해와 서아시아, 동아시아의 농경 사회에서 귀한 것이었고, 원거리 무역에 종사하는 상인들이 앞다퉈 모험을 떠나게 된 원인이 되었다. 이 과정에서 들어온 식물로 오랜 역사를 자랑하는 박이 있다.

박은 열매가 마르면 간단한 작업으로 쓸 만한 용기를 만들 수 있기 때문에 더욱 환대받았다. 4~5kg 정도로 다 익은 동그란 박을 수확하여 긴 끈 형태로 깎아서 작대기에 걸어 여름에 한나절 동안 말리면 박고지가 된다. 참고로 박을 박고지로 만들어 음식 재료로 쓰는 지역은 동아시아뿐이다.

열매가 다 익으면 겉껍질이 딱딱해지기 때문에 술이나 물을 담을 용기로 만들기 좋았다. 만드는 방법도 쉽다. 껍질이 충분히 딱딱해지면 그것을 따서 물에 담가 내부의 과육을 썩힌다. 이후에 씨앗과 함께 긁어내어 안을 깨끗하게 씻어 건조시키면 표주박이 완성된다. 유럽에서는 박을 호리병박(bottle gourd)이라고 총칭하고 있다.

박은 약 1만 년 전의 페루나 멕시코 유적, 1만 6,000년 전 태국의 유적 등에서 출토되었으며, 그 기원에 대해서는 인도의 말라바 지역설, 신대륙설 등 다양하다. 현재는 서아프리카의 니제르강 유역 기원설이 유력한데, 아주 오래전에 해류를 건너 넓은 지역으로 흘러간 것으로 추측된다. 박은 2년간 물에 띄워 두어도 씨앗의 발아력이 떨어지지 않기 때문에 해류를 타고 대서양을 건너 신대륙에 도착하는 것이 가능했을 것이다.

표주박은 액체를 담는 용기로 이용할 수 있었기에 고대인 역시 선호했을 것이다. 중국은 북위 시대에 쓰인 『제민요술(齊民要術)』에서 박을 호(瓠)라고 칭하면서 그 잎은 식용, 씨앗은 양초용, 과육은 박고지, 껍질은 그릇이 된다고 기록하였다. 중국에서도 박을 다방면으로 이용한 것이다. 일본에서도 약 1만 년 전의 유적에서 박의 흔적이 나왔다.

02

초원과 사막을 건너온
식자재

유목민이 알려준 치즈

도나우강 하류 유역과 흑해 북쪽 연안, 카자흐스탄의 초원 지대를 거쳐 몽골고원에 이르는 동서 8,000km의 대초원은 유목민의 생활 터전이었다. 그들은 주로 양의 사육에 의존하여 생활하였고, 대여섯 가구씩 집단을 이루어 10km 남짓씩 떨어져서 거주했다. 그들은 매우 수수하게 생활했으며, 의식주에 필요한 모든 물자와 연료는 전부 가축으로부터 얻었다. 양, 염소, 말 그리고 낙타 등의 사육이 전부인 유목 사회에서 가축의 젖은 매우 중요한 식자재였다. 그러나 부패가 빠른 젖을 장기간 보존하는 것은 어려운 문제였다. 이를 해결하고자 노력한 끝에 알게 된 것이 발효 기술이다.

양, 염소, 소 등의 젖에 응유효소(rennet)와 유산균 배양액을 섞어 만든 치즈는 유목민이 만든 대표적인 발효 식품이다. 치즈는 중앙아시아에서 인도에 이르는 지역이 원산지로, 유라시아 각지로 제조법이 전파되었다. 오늘날에는 전 세계에 800종류 이상의 치즈가 만들어지고 있다.

메소포타미아 문명의 근간을 세운 수메르인은 염소, 양, 소의 젖을 동물의 위점막 등을 이용하여 굳힌 뒤 미생물을 이용해 발효한 딱딱한 치즈를 만들었다. 참고로 치즈를 제조하는 과정에서 생기는 수분을 제거하지 않은 반제품이 요구르트이다.

인도 산스크리트어로 쓰인
『리그베다』(19세기 초)

기원전 1200년에서 기원전 1000년경 쓰인 인도의 성전 『리그베다』에는 '치즈를 권하는 노래'가 수록되어 있다. 1,000년이 넘게 서아시아를 장악한 조로아스터교의 창시자 조로아스터와 관련해서는 20년간 치즈만으로 연명한 후에 그 힘으로 달변가가 되어 종교를 열었다는 이야기가 있다. 이렇듯 예로부터 치즈는 인간에게 신비한 힘을 주는 식품으로 여겨졌다.

치즈의 탄생에 관해서는 여러 가지 설이 있다. 그중 아라비아의 설화에는 여행 중 마시려고 양의 위를 건조시켜 만든 물통 속에 염소젖을 넣고 다닌 상인에 대한 이야기가 있다. 일정을 마치고 통을 열어보니 하얀 덩어리와 투명한 물이 고여 있었고, 호기심에 그 맛을 봤더니 풍미가 이루 말할 수 없이 좋아 그때부터 치즈를 만들게 되었다는 것이다.

지중해 세계에서도 치즈의 역사는 오래되었다. 기원전 9세기에 그리스의 음유 시인 호메로스가 쓴 서정시 『오디세이아』에는 양의 젖으로 만든 페타 치즈가 등장한다. 당시에 이미 치즈를 먹었던 것이다. 올리브유를 식용유로 사용한 그리스에서는 가축으로 염소나 양을 길렀는데, 그 젖은 버터 제조에 적합하지 않았기 때문에 주로 치즈로 만들었다. 당시의 치즈는 말라서 딱딱해질수록 좋은 것으로 여겼다.

치즈를 만드는 기술은 기원전 1000년 무렵에 에트루리아인에 의해 바닷길을 통하여 이탈리아의 롬바르디아 지방으로 전해졌다. 로마 제국에서는 치즈를 매우 즐겨 먹었고 이미 시장에서 다양한 종류의 치즈를 팔고 있었다고 한다. 마음에 드는 여성을 나의 치즈(카세우스, caseus)라고 부를 정도로 로마인은 치즈를 사랑했다. 카세우스에서 치즈(cheese)란 단어가 나왔음은 쉽게 유추할 수 있다. 롬바르디아 지방은 특히 치즈 제조가 성행한 곳으로, 이곳에서 여러 명품 치즈가 탄생했다. 푸른곰팡이를 이용한 블루치즈의 한 종류인 반경질의 고르곤졸라 치즈와 1년에서 3년 동안 숙성시켜 딱딱해진 파르메산 치즈가 대표적이다. 파르메산 치즈는 수분 함량이 40% 이하여서 보존이 쉽고, 수많은 이탈리아 치즈 중에서도 세계적으로 널리 알려져 이 탈리아 치즈의 여왕이라고도 불린다.

브리야사바랭은 "치즈가 없는 디저트는 한쪽 눈이 먼 미녀와 마찬가지다"라는 글을 남겼다. 하지만 치즈가 서유럽의 식탁을 장식한 것은 얼마 되지 않은 일이다. 서유럽에서 최초로 치즈를 언급한 기록은 9세기에 이탈리아에서 고르곤졸라가 만들어졌다는 소식을 알린 글이다. 프랑크 왕국의 카롤루스 대제(재위 768~814)가 이 푸른곰팡이 치즈를 매우 좋아했다고 전해진다.

중세 유럽에서 치즈의 품질 개량을 책임진 곳은 수도원이었는데, 그중 프랑스의 시토 수도원이 유명하다. 유명한 치즈의 등장 시기를 보면, 스위스의 에멘탈 치즈가 15세기, 영국의 체더 치즈가 16세기, 네덜란드의 하우다(고다) 치즈가 17세기 등으로 역사가 길지는 않다.

치즈의 닮은 꼴, 두부

동아시아에서 즐겨 먹는 두부는 중국에서 유목민이 만들던 치즈를 모방해서 만든 것이라는 설이 있다. 유목 문화가 중국에 들어온 증거라는 것이다. 본래 동아시아와 동남아시아에서는 가축의 젖을 이용하는 문화가 없었기 때문에 치즈가 보급되지 않았다. 그러나 위진남북조 시대(220~589)부터 당대(618~907)까지, 유목민이 중국 본토로 예외적으로 빈번하게 진출하던 시기에 유목민의 식문화가 들어왔다. 우유를 가열해서 농축한 소(酥), 부드러운 요구르트 같은 낙(酪), 굳힌 요구르트 또는 치즈를 일컫는 유부(乳腐), 버터 또는 버터 오일을 뜻하는 제호(醍醐) 등이 이 시기에 만들어진 것이다.

이 중 유부가 귀한 식자재로 여겨져 지배층 사이에서 인기를 끌었는데, 유목민 세력이 쇠퇴하면서 유제품이 점차 모습을 감추게 되었다. 그러자 중국에서 흔하던 콩을 이용한 유부의 대용품이 만들어졌는데, 그것이 두부이다. 유부와 두부에 쓰인 한자 부(腐)는 중국에서는 썩었다는 의미가 아니라 부드럽고 탄력 있는 고체를 뜻한다.

두부는 물에 담가 부드럽게 만든 콩을 으깨서 끓인 후 짜서 두유를 만든 다음, 간수(염화마그네슘) 또는 석고(황산마그네슘)을 넣어서 굳힌, 싸고 영양가 높은 식품이다. 두부가 중국에서 한국, 일본으로 전해진 것은 확실하지만, 정확히 언제부터 두부를 만들기 시작한 것인지는 알 수 없다.

두부를 언급한 중국의 문헌은 그다지 오래된 것이 아니다. 5대의 후진(後晉, 936~946)에서 송(960~1279) 초기에 관리가 된 도곡이 쓴『청이록(淸異錄)』이 시초라고들 한다. 한편 중국에서는 오랫동안 한(기원전 202~220)을 개국한 유방의 손자, 유안이 불로불사의 약을 만들려고 할 때 우연히 두유를 응고시키는 간수에 대해 알게 되어 두부 제조법을 고안했다고 믿었다. 그러나 이는 이후 학자들의 논쟁을 통해 남송(1127~1279) 때 만들어진 낭설로 밝혀졌다. 중국의 화학자 원한청(袁翰青)은 당나라 이전의 문헌에는 두부에 관한 기재가 전혀 없고, 송나라 때 쓰인『본초연의(本草衍義)』에 맷돌로 콩을 갈아 두부를 만들었다는 기술이 있음을 주목했다. 그는 당나라 멸망 후 오대십국 시대에 이름 없는 농민이 처음으로 두부를 만들었을 것으로 본다.

결론적으로 두부는 당대 이후에 북방 유목민이 가져온 유부의 영향을 받아, 소와 양의 젖을 구하기 어려웠던 중국에서 그 대용품으로 삶은 콩으로 만든 식품이라고 할 수 있다. 따라서 두부는 유목 문화와 농경 문화가 합쳐진 당 제국의 국제적인 성격에 부합하는, 서로 다른 문화가 만나 탄생한 작품이다. 몽골이 세운 원 제국(1271~1368) 시대가 되면 중국 전역에 두부 가게가 퍼져 나갔고, 두부는 서민이 즐기는 대표적인 음식으로 자리 잡았다. 중국에서 소나 양의 젖으로 치즈를 만들지 않았다는 건, 두부를 좋아하는 이에게는 다행인 일이었는지도 모르겠다.

고수, 코리앤더, 상차이

미나릿과의 채소 고수는 실크로드를 오가던 상인이 낙타 등에 싣고 다니며 해독제나 건위제(健胃劑) 용도로 동방에 소개한 채소이다. 고수는 특유의 풋내 나는 향기와 독특한 쓴맛 때문에 호불호가 갈리는 식자재로, 중국이나 동남아시아 요리 중 유난히 먹기 힘든 것이 있다면 십중팔구 고수가 들어간 것이다. 고수의 고향은 지중해 연안으로, 석류와 마찬가지로 실크로드를 통해 중국에 들어왔다.

서양에서는 고수를 코리앤더(coriander)라고 부르는데, 그리스어로 빈대 같은 벌레(koris)와 향기로운 아니스의 씨앗(annon)을 부르는 말을 합친 것이다. 잎과 미성숙한 열매에서는 벌레가 썩은 것 같은 냄새가 나지만, 다 익은 열매에서는 아니스나 레몬처럼 좋은 향기가 나는 극단적으로 모순된 특징에서 이 같은 이름이 붙었다.

고수는 가느다란 끈 상태로 갈라지며, 매운맛이 나는 잎과 완전히 익은 열매의 쓰임새가 각각 다르다. 고대 이집트에서 식용으로 사용한 기록이 있을 정도로 역사도 오래되었다. 좋은 향이 나는 익은 열매는 고기나 소시지의 냄새를 없애는 데 쓰거나 건위제나 해독제로 쓰였다. 의학의 아버지라고 불리는 고대 그리스의 히포크라테스(기원전 460~기원전 337)는 약효가 있는 음식으로 고수를 추천했다. 한편 이슬람 세계나 중세 유럽에서는 최음제나 미약(媚藥)으로도 알려졌는데, 『아라비안나이트』에도 미약으로 몇 번 등장한다.

과거에는 먼 바다를 항해하는 선원들이 원인 모를 괴혈병으로 고

1897년 책의 고수풀 삽화

통받으며 목숨을 잃곤 했다. 사막을 건너는 지난한 여행을 하는 실크로드의 상인들도 원인 모를 질병에 시달리기는 마찬가지였다. 사막은 바다, 낙타는 배나 마찬가지이니 말이다. 이 무서운 질병이 비타민C의 결핍으로 인한 것임은 나중에서야 알게 되었다. 하지만 실크로드의 상인들은 오랜 경험을 통해 고수 잎이 치료제가 된다는 것을 알고 있었다. 상인들은 고수 잎을 염장해서 가지고 다니며 비타민을 섭취했고, 열매는 건위와 해독을 위한 비상약으로 소지했다. 양고기를 먹을 때는 고수 열매로 잡내를 잡았다. 그러니 말린 고수 열매와 절인 잎은 상인들의 짐 속에 반드시 들어가는 필수품이었다.

상인의 짐을 실은 낙타의 등을 타고 실크로드를 건너 중국으로 운반된 고수는 상차이(香菜, 향채)란 이름으로 정착하였다. 상차이는 꽃눈이 맺히기 전에 수확한 어린잎을 주로 이용하였는데, 고기나 어류의 잡내를 없애거나 요리를 돋보이게 하는 장식으로 썼다. 유목 문화가 들어와 양고기 요리가 유행한 것도 잡내를 없앨 상차이의 보급을 부추겼다. 원나라 때는 지배 민족인 몽골의 문화가 유행하여 돼지고기보다도 양고기를 많이 먹었다. 당시엔 익숙하지 않았던 양고기의 잡내를 없앨 요량으로 상차이를 이용했지만, 양고기 맛을 즐기게된 이후에도 여전히 상차이를 썼다. 참고로 상차이는 양고기와 궁합이 잘 맞는다. 현재도 중국식 양고기 샤부샤부(슈앙양로우, 涮羊肉)에는얇게 자른 상차이가 양념으로 들어간다. 향이 강한 상차이는 담백한맛이 특징인 일본 요리와는 어울리지 않았기 때문에 일본에 보급되지는 않았다.

몽골 제국의 유산인 햄버그스테이크

몽골 제국에서는 병사 한 사람이 6~7마리의 말을 이끌고 원정을떠났다. 말을 매일 바꿔가며 하루에 70km나 진격했는데, 필요할 경우에는 말을 죽여서 식량으로도 이용했다. 무기가 그대로 군량이 되는 시스템으로 매우 효율적이었다. 그들은 잘게 썰거나 덩어리로 만든 생고기를 안장 밑에 넣고 다녔고, 자연스럽게 숙성되어 부드러워진 고기를 꺼내 먹으며 체력을 보충했다. 말을 타는 동안 안장 아래에 있는 고기가 말의 땀과 섞여 적당히 뭉개지면서 먹기 좋은 상태가 되는 것이다. 이 생고기 스테이크가 바로 타르타르스테이크(tartar steak)이다.

몽골인은 유럽에서 타타르(tatar)인이라고 불렸다. 유럽인은 기독교 세계를 위협하는 이 강력한 적을 그리스 신화에서 지하세계를 상징하는 타르타로스(tartaros)의 이미지가 연상되는 이름으로 부른 것이다. 말고기는 고단백 저지방 식품으로, 비타민이 풍부하고 기생충이 없기 때문에 생고기로 먹을 수 있었다. 한편 『구약성서』의 말고기 섭취를 금지한 문구 때문에 기독교도와 이슬람교도는 말고기를 먹지 않았다. 그들은 몽골인이 생말고기를 먹는 광경을 기이하게 쳐다봤을 것이다.

14세기 들어 몽골 제국이 유라시아로 세력을 넓히자 유목민의 식문화인 생고기 요리가 농경 사회에 진출했다. 비슷한 이유로 몽골 치하의 중국에서는 전통적으로 즐기던 돼지고기 대신에 양고기 요리가 크게 유행하고 있었다.

'타타르의 멍에'는 러시아인이 13세기에서 15세기에 이르는 약 200년간 몽골의 지배를 받던 시기를 부르는 말로, 그 무렵 생고기를 사용한 타르타르스테이크가 도입되었다. 타르타르스테이크는 몽골인이 초원에서 즐기던 거친 생고기와 달리, 숙성된 생말고기를 두들겨서 각종 허브와 향신료, 올리브, 달걀, 조미료 등과 섞어 흑빵 위에 올린 세련된 형태의 음식이다. 지금도 헝가리나 독일에서는 타르타르스테이크를 즐겨 먹는다.

러시아의 타르타르스테이크가 북부 독일 최대의 항구 도시 함

부르크(Hamburg)에 전해지자, 철판 위에서 굽는 햄버그스테이크(hamburg steak)가 되었다. 생고기를 먹지 않고 소시지를 만드는 전통이 있던 함부르크에서는 타르타르스테이크를 구워 그들만의 스타일로 만들었다. 독일 식문화에 편입된 타르타르스테이크의 대변신이다. 얼마 지나지 않아서 구운 타르타르스테이크는 1850년대에 독일계 이민자의 손으로 신흥국 미국으로 옮겨진다. 정작 독일에서는 햄버그스테이크라고 부르지 않았는데, 새롭게 이 음식을 접하게 된 미국인이 독일 도시의 이름을 따서 붙인 것이라고 한다.

햄버거는 햄버그스테이크를 패티로 사용한 샌드위치로, 패티와 치즈, 양파, 양상추 등을 겹쳐 쌓고 머스터드나 토마토케첩을 곁들여 빵 속에 넣은 단순한 음식이다. 1904년 세인트루이스 만국박람회가 열렸을 때 관람객을 30초 이상 기다리게 하지 않는 간편한 음식으로 인기리에 판매되었다고 한다. 이후 미국을 대표하는 음식이 된 햄버거는 제2차 세계대전이 끝나고 고속도로 위에서 운전하면서 먹을 수 있는 간편식으로 미국 전역으로 퍼졌다. 세계화 바람에 힘입어 햄버거와 코카콜라로 상징되는 맥도날드가 세계 각국에 지점을 열었고, 그렇게 햄버거는 세계적인 음식으로 변신하였다. 몽골 제국을 만들어낸 말고기는 햄버거라는 이름으로 전 세계 식문화의 정점에 서게 되었다.

몽골이 점령한 한반도에도 몽골의 생고기 요리가 전파되었다. 불교를 신봉한 고려 사람들은 고기를 먹지 않았는데 이 시기에 고기의 맛에 눈을 떴다. 한반도의 식문화에 드디어 고기가 자리를 차지하게 된 것이다. 그중 몽골식 생고기 요리가 변형된 요리로, 소고기를 사용한 육회(肉膾)를 들 수 있다. 한국인은 말고기를 먹는 문화가 없었기 때문에 소고기로 바꾼 것이다. 육회는 얇게 썬 생소고기를 조미료, 마늘, 참깨 등과 버무린 뒤 사과와 무 같은 채소와 함께 내놓는다. 위에는 달걀노른자를 올리기도 한다. 한국의 육회만큼 유명하지는 않지만 영국 요리 중에도 소고기를 쓴 타르타르스테이크가 있다. 세계 역사를 태풍처럼 휩쓸고 지나간 몽골 제국은 식문화에 있어서도 커다란 흔적을 남겼다.

03

먼 바다의
파도를 넘어서

선원들을 구한 레몬과 라임

레몬 하면 레몬차가 연상되는 등 유럽의 과일이라는 인상이 강하다. 운향과의 과실인 레몬은 인도 북서부가 원산지로, 미얀마 북부와 히말라야 동부의 산기슭을 원산지로 보기도 한다. 레몬은 아시아의 과일인 것이다.

레몬은 이슬람 상인이 유라시아를 아우르는 거대한 교역망을 형성한 10세기 무렵에 이라크를 거쳐 팔레스타인과 이집트로 전해졌다. 십자군 원정이 단행된 11세기에서 12세기에는 지중해 연안을 넘어 스페인에까지 도달했다. 그러고 보면 레몬은 십자군 원정과도 인연이 깊다.

지중해 상인이 인도와 활발하게 교역하던 기원전 3세기부터 기원전 2세기에는 인도로부터 운향과의 시트론(citron)이 전해졌고, 그리스와 이탈리아, 코르시카 등지에서 재배되었다. 시트론에 이어서 감귤류 중 두 번째로 전달된 것이 레몬이다.

레몬은 처음에는 약으로서 재배되었다. 지중해 무역과 대서양 무역이 연결된 15세기에는 시칠리아와 코르시카에서 대량으로 생산되었고, 이탈리아 전역과 이베리아반도 등에서 수요가 계속 늘었다. 그도 그럴 것이 레몬 한 개는 비타민C를 50mg이나 함유하고 있어 바다로 나가는 선원들의 괴혈병을 예방하는 과일로 그만이었다.

1492년에 대서양을 가로질러 카리브해의 히스파니올라섬에 도착한 콜럼버스가 이듬해에 다시 대규모 2차 항해를 떠났을 때 히스파니올라섬에도 레몬이 전해졌다. 얼마 지나지 않아 스페인인이 카리브해 일대로 거주지를 넓히자, 유럽과의 교역을 중계하던 플로리다에서 레몬을 대량으로 생산하여 공급하게 되었다. 그러나 1894년의 냉해로 인하여 플로리다의 레몬이 괴멸 상태가 되자, 태평양 연안의 캘리포니아로 레몬 생산지가 옮겨졌고 이윽고 세계 최대의 생산지가 되었다. 이것이 캘리포니아 레몬이다.

한편 희망봉을 우회하는 인도 항로를 개척한 포르투갈에서도 레몬을 재배하기 시작했는데, 리스본 레몬이라는 유명한 품종을 탄생시켰다. 18세기에는 영국 해군의 군의관 제임스 린드가 레몬 과즙이 괴혈병 예방과 치료에 효과가 있음을 증명했다. 대양을 항해할 때 민

간요법으로 레몬을 먹던 것을 연구한 결과였다.

레몬과 마찬가지로 인도 혹은 인도차이나반도가 원산지인 감귤류로 알코올 음료에 넣는 라임이 있다. 모양은 레몬과 닮았지만, 껍질이 더 얇은 것이 특징이다. 향과 산미가 강하고 비타민C가 풍부해 대항해 시대에 스페인인에 의해

제임스 린드(James Lind, 1716~1794)

멕시코나 서인도제도의 여러 섬으로 전해진다. 남태평양에서 활발하게 탐험 활동을 한 제임스 쿡(1728~1779)의 배에도 라임이 대량으로 실렸는데, 덕분에 3년에 달하는 긴 항해 기간에도 불구하고 괴혈병으로 사망한 선원이 겨우 한 명에 불과했다고 한다. 라임 역시 괴혈병을 예방하는 과일로 널리 이용되었다.

거저먹는 향신료 무역

세상에 존재하는 수백 종류의 향신료 중 후추, 시나몬, 클로브(clove, 정향), 너트메그(nutmeg, 육두구)는 4대 향신료로 꼽히는 대표적인

향신료이다. 중세 유럽에서는 그 희소성 때문에 왕과 귀족의 신분과 지위를 나타내는 것으로 귀한 대접을 받았다. 향신료의 가치는 은과 겨누어졌으며 후추 한 줌으로 2마리의 소를 살 수 있을 정도였다.

네 가지 향신료 중에서도 인도네시아의 말루쿠 제도와 반다 제도로 생산지가 제한적이었던 클로브와 너트메그가 특히 고가였다. 클로브와 너트메그는 열대 지방에서 해안선에서 멀지 않은 배수 좋은 경사지에서만 재배가 가능했다. 말루쿠 제도가 향신료 섬(Spice Islands)이라고 불렸던 것은 이 두 향신료의 생산을 오랫동안 독점해 왔기 때문이다. 로마 제국에서도 이미 클로브를 알고 있었고, 중국에서는 신하가 황제를 알현할 때 반드시 정향, 즉 클로브를 입에 머금었다고 한다.

너트메그는 비교적 늦게 알려진 향신료였다. 베트남을 거쳐 당에 너트메그가 알려진 것이 8세기 초의 일이었다. 이슬람 상인이 너트메그를 향신료로 판매하기 시작한 것은 10세기 무렵이었고, 유럽의 기록에 등장한 것은 1195년 무렵이었다. 이슬람 상인은 수마트라나 말레이반도에서 클로브와 너트메그를 입수하여 유럽에 소개해 많은 이익을 얻었다.

너트메그는 10m 정도까지 성장하는 상록수로, 종자인 육두구의 향기 나는 씨앗은 건위제, 향미료, 교취약(矯臭藥)으로 이용되었다. 클로브는 높이가 수 미터에 달하는 상록수인 정향나무의 꽃봉오리를 말린 것으로, 멀리 떨어져 있어도 좋은 향기가 나기 때문에 백리향(百

里香)이라고도 불렸다. 예로부터 생약과 향신료로 많이 이용하였다. 클로브는 라틴어(clavus)에서 유래한 프랑스어(clou, 못이라는 뜻)가 바뀐 말이다. 동양에서는 클로브를 정자(丁子)라고도 불렀는데 꽃봉오리의 형태가 갈색 못과 닮았기 때문이다. 클로브의 생김새를 짐작하게 하는 이름이다.

너트메그와 클로브는 생산지가 한정적이었기 때문에 이슬람 세계, 유럽, 중국 할 것 없이 매우 고가였다. 그러나 정작 현지의 주민들은 정보가 적었기 때문에 매우 싼 가격에 곡물, 옷 등과 교환했다. 원거리 무역에 종사하는 상인들에게는 거저먹는 것이나 다름없는, 막대한 이익을 남기는 최고의 상품이었다. 자바와 인도, 이슬람의 상인들이 이권의 확대를 두고 치열하게 경쟁했음은 말할 것도 없다.

대항해 시대 이후에는 일대에 진출한 포르투갈과 네덜란드가 이 막대한 이익의 대부분을 차지했다. 1505년 당시, 클로브와 너트메그의 연간 생산은 각각 1,300톤 정도였는데 반은 인도와 중국으로 가고, 나머지 반 정도가 유럽으로 운송되었다. 포르투갈의 리스본에서는 클로브가 현지 가격의 약 8.7배, 너트메그가 7.5배의 가격으로 판매되었다. 탐이 나지 않을 수 없는 상품이었다.

후추와 신항로 개척의 연관성

향신료의 또 다른 대표 주자인 후추는 육식이 커다란 비중을 차지하는 중세 유럽에서 화폐의 대용으로 쓰일 정도로 귀중품이었다. 영주에게 내는 소작료나 결혼할 때 쓰는 지참금을 후추로 내미는 모습은 흔히 볼 수 있는 광경이었다. 중간 마진 없이 현지에서 싼 가격에 후추를 사오려는 욕구가 솟구쳤고, 이는 대항해 시대라는 새로운 시대를 여는 원동력이 된다.

후추의 영어 표기인 페퍼(pepper)는 열매를 뜻하는 산스크리트어 'pippali'에서 왔는데, 오래전부터 인도 사람들이 후추를 썼다는 사실을 알 수 있다. 인도 서남 해안의 말라바르(Malabar)는 인도양 교역의 중심지였다. 각지의 상인이 이곳으로 모여든 이유는 그 일대가 후추의 원산지이자 주산지였기 때문이다. 강렬한 후추의 향을 맡고 페르시아, 이슬람, 중국, 유럽의 상인이 모여들었다. 특히 서남 해안가의 캘리컷(오늘날 코지코드)은 2만 7,000여 명이 승선한 대함대를 이끌고 항해를 떠난 명나라의 정화와 아프리카를 돌아 인도로 가는 항로를 개척한 포르투갈의 바스쿠 다 가마가 모두 목표로 삼은 항구였다. 캘리컷이 대표적인 후추의 출하 항이었기 때문이다.

후추는 크게 흑후추(black pepper)와 백후추(white pepper)로 나뉜다. 흑후추는 덜 익어 아직 녹색인 후추를 따서 발효시킨 것으로 맛이 쌉쌀하고 강한 향이 난다. 백후추는 완전히 익은 열매를 따 과실을 제거하고 겉껍질을 말린 것으로 순한 맛이 난다. 참고로 미국에서는 흑후추를, 프랑스에서는 백후추를 즐겼다.

1세기에 이집트의 항해사 히팔루스가 계절마다 정기적으로 풍향이 변하는 인도양의 몬순(히팔루스 계절풍)을 발견한 이후, 홍해를 경유해서 지중해와 인도 서안을 연결하는 해상 교역이 정기화되었다. 로마 제국 시대에 들어서는 본격적으로 유럽으로 향하는 후추의 대량 운송이 시작되었다. 지중해 세계에서는 여러 지역 상인의 손을 거쳐서 전해질 수밖에 없는 후추가 매우 귀했고, 의학의 아버지 히포크라테스는 부인병에 효능이 있는 의약품으로 후추를 추천했다. 로마 제국에서 후추는 화폐와 같은 취급을 받는 귀중품이었다. 미식가였던 로마인은 인도의 향신료 특히 후추의 포로가 되었으며, 거액을 들여 향신료를 대량으로 사들였다. 플리니우스는 『박물지』에서 매년 막대한 양의 금화가 향신료 대금으로 인도로 흘러 들어가는 현실을 한탄했다.

유럽은 오랫동안 울창하고 어두운 숲으로 덮여 있었다. 고대 로마 사람들이 갈리아(오늘날 프랑스)의 주민을 '숲의 사람'이라고 부른 것은 이 때문이었다. 숲에서 나고 자란 켈트족이나 게르만족에게 있어 숲은 신들이 사는 웅장하고 아름다운 신전이었고, 떡갈나무의 거목에는 주신(主神) 오딘이 살고 있다고 믿었다.

11세기부터 13세기에 걸쳐 그때까지 한랭기였던 유럽의 기후가 비교적 온난한 시기로 접어들었다. 따뜻한 날씨는 생산력을 높였고, 농업 기술은 발전을 거듭했다. 마침 동방에서 말의 가슴에 열십자 모양의 띠를 걸어 쟁기를 끌게 하는 기술이 전해졌고, 말의 견인력이 단번에 다섯 배로 높아졌다. 또한 바퀴가 달린 쟁기가 나와, 균

후추 열매

등하게 토지를 갈고 일정한 간격으로 도랑을 만들게 되어 일의 능률이 크게 올랐다. 경작법도 3년에 한 번씩 농지를 쉬게 하는 삼포제(三圃制)로 바뀌어 지력을 유지하게 되었다. 이에 9세기에 뿌린 씨앗의 두 배 정도를 수확하던 것에서 12세기 무렵에는 다섯 배에서 여섯 배로 늘었다. 11세기에는 제분을 위한 물방앗간도 빠르게 보급되었다. 1086년에는 영국에만 5,000개 이상의 물방아가 있었다고 한다.

　유럽인에게 숲은 목재, 과실, 벌꿀 등을 제공해 주는 식량 창고였다. 숲에서 나는 떡갈나무 열매, 즉 도토리를 먹여 키운 돼지는 귀중한 단백질 공급원이었다. 당시의 돼지는 오늘날 관점에서 보면 야생 멧돼지와 큰 차이가 없었지만, 도토리가 떨어져 가는 11월에서 12월이면 처분하여 햄과 소시지로 고기를 가공하여 겨울을 나게 하는 귀중한 가축이었다. 그리고 고기를 가공하고 조리하는 과정에서 후추는 빠질 수 없는 재료였다.

후추는 미리 가루로 만들면 풍미를 잃기 쉬워 알맹이를 따서 사용할 때마다 갈아서 이용했다. 식욕을 자극하는 쌉쌀한 맛과 향 외에도, 위를 튼튼히 하고 최음제로도 효과가 있다고 여겨져 더욱 귀중하게 취급되었다. 후추는 부유층이 높은 신분과 지위를 드러내는 식자재였기 때문에 만인의 동경을 샀고 따라서 수요는 얼마든지 있었다.

후추는 열대기후에서 자라기 때문에 유럽에서는 생산할 수 없었고, 인도의 서쪽 해안과 동남아시아 도서 지역에서 길러졌다. 그러다 보니 이슬람 상인에게 중간 이윤의 많은 부분을 빼앗겼고 유럽의 후추 가격은 치솟을 수밖에 없었다. 귀한 후추는 신하가 주군에게 바치는 공납과 각종 몸값과 벌금, 결혼할 때 내는 지참금 등 화폐의 대용으로도 사용되었다. 르네상스의 후원자로 유명한 피렌체의 거상 메디치가의 문장은 후추의 알갱이를 모방한 것이었다. 환약이었다는 설도 있는데, 후추를 약재로도 이용한 것을 생각해 보면 이해가 간다.

유럽에서는 중세 내내 후추 등의 동방 무역을 이슬람 상인과 베네치아 등 이탈리아 상인이 독점했다. 그러다가 16세기 초반에 오스만 제국이 이집트의 카이로와 알렉산드리아를 점령하면서 베네치아로 출하하는 상품에 대한 세금을 대폭 올리는 사건이 발생한다. 이 때문에 후추 가격이 폭등하여 한때 예전 가격의 8배가 되기도 하였다. 그럴 바에야 항로를 새로 개척해 직접 인도에 가서 후추를 매입하는 게 이득일 것이라는 생각이 퍼졌다. 후추의 대량 운송과 관련해 제2막이 열리던 순간이다.

포르투갈의 엔히크(엔리케) 항해 왕자(1394~1460)는 아프리카를 경유해 인도로 가는 새로운 항로를 개발하고자 1418년부터 아프리카 서쪽 해안 탐사를 위한 탐험선을 보내며 적극적으로 지원하였다. 그의 사후에도 탐사는 계속되었고, 1488년에 바르톨로메우 디아스(1450?~1500)가 마침내 아프리카의 최남단 희망봉에 도착했다. 1497년에는 리스본을 출항한 바스쿠 다 가마(1469?~1524)가 4척의 배와 170명의 선원으로 구성된 함대를 끌고 힘든 항해 끝에 결국 인도의 캘리컷에 도착하여 후추를 실었다. 인도로 가는 신항로가 열린 것이다.

바스쿠 다 가마의 함대는 3년의 항해 기간에 100명이 넘는 희생자를 냈지만, 캘리컷에서 가져온 약간의 향신료만으로도 항해 비용의 60배가 넘는 이익을 포르투갈 왕실에 가져다주었다. 말도 안 되게 높은 수익성은 숱한 위험에도 불구하고 아프리카 남단을 넘어서 까마득히 먼 아시아로 향하는 항로를 정착시켰다. 한편 후추 무역을 국영화한 포르투갈 왕은 후추의 대중화를 바라지 않았다. 이에 1년

리스본을 출발하는 인도 원정 함대

동안 인도로 가는 배가 많지는 않았다. 왕과 귀족의 특권이던 후추이기에 박리다매는 안 될 일이었다.

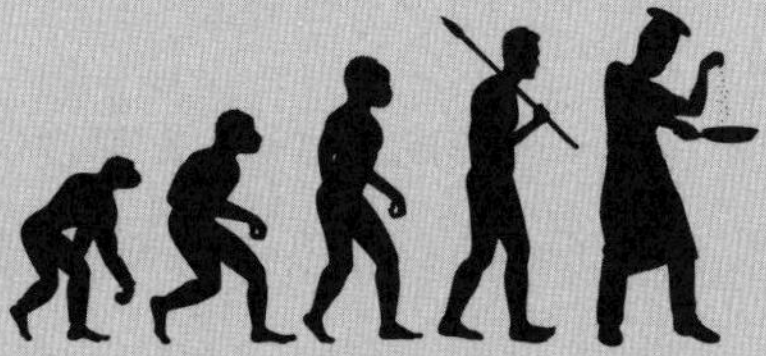

5장

대항해 시대 때문에 변한
지구 생태계

유럽인은 신대륙의 동식물을 대량으로 들여왔
으며, 두 대륙의 생태계는 모습이 크게 바뀌었
다. 옥수수 같은 생산성 높은 곡물이 보급되자
구대륙의 식문화 역시 커다란 변화를 맞이하였
다. 전과는 완전히 다른 요리를 먹게 되었다 해
도 과언이 아닐 정도이다.

콜럼버스의
교환

역사상 최대의 음식 교류

포르투갈의 엔히크 항해 왕자가 아프리카 서안을 탐험하며 시작된 대항해 시대에 인류는 대양에 부는 거대한 바람의 흐름을 알아내었다. 이 발견으로 지구 표면의 70%를 차지하는 대양이 역사를 이끄는 시대가 열리게 되었다. 제국들이 육지에서 각축전을 벌이던 시대에서 바다를 지배하고자 다투는 시대로 이행하였다. 세계 각지를 연결한 대양 위의 항로에는 향신료와 기호품을 포함한 막대한 양의 식자재를 실은 함선이 떠다녔다.

대서양 항로가 열리자 신대륙의 아즈텍 제국(14세기경~1511)과 잉카 제국(13세기경~1533)이 스페인에 군사 정복되어 유럽의 지배하에 들어갔다. 이후 얼마 되지 않아 유럽인의 주도 아래 신대륙과 구대륙 사이에 역사상 전례를 찾을 수 없을 정도의 대규모 교류가 진행되었다. 음식 역시 마찬가지였다. 식문화 교류의 세계 지도가 다시 그려졌다.

유럽인은 신대륙의 동식물을 대량으로 들여왔으며, 두 대륙의 생태계는 모습이 크게 바뀌었다. 옥수수 같은 생산성 높은 곡물이 보급되자 구대륙의 식문화 역시 커다란 변화를 맞이하였다. 전과는 완전히 다른 요리를 먹게 되었다 해도 과언이 아닐 정도이다.

신대륙이 기원인 식물로는 옥수수, 감자, 고구마, 호박, 토마토, 강낭콩, 피넛, 라이머콩, 고추, 피망, 카카오(초콜릿), 파인애플, 파파야, 아보카도, 파프리카, 바닐라, 해바라기(피마자유의 원료) 등이 있고, 동물로는 칠면조가 있다. 타피오카의 원료로 오늘날 아프리카의 주요 식자재 중 하나로 꼽히는 카사바 역시도 포르투갈인이 브라질에서 콩고로 들여온 것이다.

신대륙에 이식된 유럽의 문화

유럽인의 이주와 개발로 신대륙의 생태계는 구대륙과 비교할 수 없을 정도로 변화하였다. 유럽인이 신대륙을 완전히 새로 만들었다고 해도 과언이 아닐 정도이다. 보리, 쌀, 올리브, 커피, 소, 양 등 이제까지 없었던 동식물이 대량으로 신대륙에 들어왔다. 미국의 대평

원과 아르헨티나의 팜파스 초원 지대는 유럽인을 위한 거대한 식량 창고에 지나지 않게 되었다. 아프리카, 아메리카, 오세아니아는 농업 국가가 되어 각종 곡물과 고기를 대량으로 세계에 공급하는 전초 기지가 되었다. 신대륙이란 식량 창고 덕분에 유럽의 지위가 단번에 올라가게 되었음은 말할 필요도 없다.

미국의 역사학자 알프레드 크로스비(1931~2018)는 1972년에 저술한 『콜럼버스의 교환(The Columbian Exchange)』에서 유럽인이 신대륙에 끼친 생태학적 변화를 처음으로 주목하였고, 그 제국주의적 속성을 비판하였다. 콜럼버스는 전혀 예상하지 못했겠지만, 콜럼버스의 교환은 음식 문화에 있어서도 혁명적인 변화를 가져왔다.

대항해 시대 이후 유럽인은 신대륙과의 교역에서 유럽의 공업 제품을 높은 가격에 파는 대신 신대륙의 식자재, 조미료, 기호품을 매우 싼 가격에 들여오는 전략을 썼다. 이 과정에서 많은 유럽인이 신대륙으로 이주하였고 유럽인의 기호에 맞는 식자재를 대량으로 생산하는 플랜테이션 경영에 종사했다. 신대륙은 유럽인에 의해 제2의 유럽이 된 것이나 마찬가지였다. 한편 대서양을 사이에 둔 무역의 규모가 커지면서 자본주의 경제가 싹트게 되었다. 플랜테이션으로 생산량이 급증해 가격이 싸진 설탕이 대중 상품으로 바뀐 것이 그러한 예이다.

구대륙을 구한
신대륙의 작물

가난한 사람들의 구세주, 옥수수

1492년 콜럼버스가 신대륙에서 스페인으로 가져온 옥수수는 부족한 밀의 대용품이 되어 가난한 사람들을 구제했다. 옥수수는 16세기 들어 비교적 따뜻한 지중해 연안의 이탈리아와 남프랑스로 전해졌고 나아가 발칸반도와 터키 그리고 북아프리카까지 퍼져 나갔다. 16세기 중반에는 보다 북쪽에 자리한 독일과 영국으로도 전파되었다. 재배하기 쉽고 생산성이 높은 옥수수는 감자와 더불어 빵과 육식, 유제품으로 이루어진 유럽의 전통적인 식문화를 크게 변화시켰다.

유럽에서 처음에 옥수수를 부르던 명칭을 보면 옥수수가 어떤 경로로 퍼지게 되었는지 알 수 있어서 흥미롭다. 옥수수는 남프랑스에서는 스페인 밀이었고, 터키에서는 기독교도의 밀, 그리고 이탈리아, 독일, 네덜란드에서는 터키 밀로 불렸다고 한다. 참고로 대항해 시대 당시 유럽에서는 동방이나 이슬람 세계에서 들어온 물건에 오스만 제국(1299~1922)을 연상시키는 터키라는 명칭을 자주 붙였다고 한다. 중국에서 가져온 대황(大黃)을 터키 허브라고 부른다든가, 남미가 원산지로 이슬람 상인이 들고 온 호박을 터키 오이라고 부르는 식이다.

옥수수는 영어로 메이즈(maize)라고도 하는데 미국 원주민인 인디오가 옥수수를 마히스라고 부른 데서 유래한다. 일반적으로는 콘(corn)이라고 부르지만, 메이즈는 인디오가 준 옥수수로 굶주림을 달랜 초창기 유럽 이주민의 애환이 떠오르는 이름이라 알아둘 만하다.

옥수수는 포르투갈인에 의해 희망봉을 넘어 아시아에 들어왔다. 중국에는 명나라(1368~1644) 때 전해졌고 18세기에는 남쪽 지방까지 보급되었다. 일본에는 1579년에 나가사키항을 통해 옥수수가 들어왔다. 포르투갈어로 옥수수를 미로(milho)라고 하는데, 일본인이 이 이름을 들었을 때 명확히 떠오르는 이미지가 없었나 보다. 그래서 원래 일본인에게 익숙한 곡물인 기장(키비, キビ)을 붙여 당나라 기장(도우키비, 唐キビ)이라고 부르다가, 나중에는 수수(모로코시, モロコシ)를 붙여 도우모로코시(唐モロコシ)라고 부르게 되었다. 이렇게 옥수수는 콜럼버스의 항해 이후 100년이란 시간 동안 세계를 일주하였다.

전 세계로 퍼져 나간 감자

감자는 안데스 고지대에서 5,000년 전부터 재배되기 시작했고, 잉카 제국의 중요한 식량이 되었다. 감자는 추운 날씨에도 잘 성장하고 단기간에 많은 수확이 가능해서 옥수수와 함께 잉카 사회를 유지하게 한 주요 작물이었다.

감자는 땅속줄기의 끝부분이 커진 것을 식용으로 사용하며, 약 160여 종이 있다. 잉카 제국에서는 10월부터 11월에 걸쳐 감자를 심었는데 수확할 때는 충분한 강우가 필요했다. 그래서 감자의 성장기에 비가 내리지 않으면 기우제를 지냈고, 그래도 비가 내리지 않으면 어린이를 희생 제물로 바쳤다고 한다.

스페인이 잉카를 정복한 지 약 10년이 지난 1545년, 페루의 포토시에서 세계 최대의 은광이 발견되었다. 잉카에는 '미타'라고 부르는 강제 노동 제도가 있었는데, 스페인은 이를 악용하여 인디오를 무상으로 부리며 은광을 개발했다. 이렇게 채굴된 은이 대량으로 유럽으로 흘러들어 가자 16세기 말 유럽에는 은값이 폭락한 가격 혁명이 일어났다. 한편 은광에서 혹독한 노동에 시달리던 인디오의 목숨을 유지해 준 것은 추뇨(Chuño)라는 감자 전분을 말린 건조식품이었다.

스페인인은 처음에는 감자를 지하에서 자라는 트러플(truffle, 송로버섯)의 일종이라고 생각했다. 유럽에는 땅속줄기 작물이 없었기 때문에 감자 같은 식자재를 이해하지 못했던 것이다. 하지만 감자는 비타민C가 풍부해 괴혈병을 막을 수 있고 오래 보관하는 것도 가능해

선원들에게 환영받았고, 이내 유럽 각지로 보급되었다.

감자는 찬바람과 서리에 강하고 3개월이라는 단기간에 수확할 수 있어서, 유럽에서는 채소를 구하기 힘든 겨울을 나게 하는 작물로 알려졌다. 1576년에 스페인에 들어온 감자는 18세기 중반에 유럽 각지로 보급되었다. 영국에는 사략선(私掠船, 민간인이 승무원이지만 정부로부터 적선을 공격하고 나포할 권리를 인정받은 무장 선박-역주)의 선장 프랜시

프랜시스 드레이크
(Francis Drake, 1540~1596)

스 드레이크(1540~1596)가 남미의 키토에서 가지고 왔다는 설이 있으며, 스페인의 무적함대가 아일랜드의 서해안에 좌초되었을 때 아일랜드를 거쳐 영국에 전해졌다는 설도 있다.

감자를 특히 환영한 곳은 날이 춥고 토지가 척박한 독일이었다. 기근으로 골머리를 앓고 있던 프로이센의 프리드리히 빌헬름(재위 1640~1688)은 감자를 보급하려고 재배를 강요했는데, 이를 따르지 않는 농민은 코와 귀를 자르겠다는 협박까지 했다. 계몽군주를 자처한 프리드리히 2세(재위 1740~1786)는 감자 재배에 더욱 박차를 가했다. 그가 즉위하고 나서 오스트리아 계승 전쟁(1740~1748)과 7년 전쟁(1756~1763), 바이에른

계승 전쟁(1778~1779)이 연이어 발발해 농민의 삶이 더없이 황폐해졌기 때문이다. 감자는 가난한 농민을 살리는 구황작물일 뿐 아니라, 전쟁의 승패를 좌우할 중요한 군용 식량이었다. 왕은 감자 재배를 강제하는 칙령을 내려 감자 생산량을 늘리기로 했다. 당시의 감자는 지금과 달리 맛이 너무 없어서 개도 먹지 않을 정도라고 했지만, 국가 차원의 장려책이 효과를 발휘해 이후 서민 생활에 빠질 수 없는 식자재로 자리매김했다.

바이에른 계승 전쟁은 아예 프로이센과 오스트리아 사이의 감자 쟁탈전으로 봐도 무방할 정도였다. 양쪽 군은 서로에게 타격을 입히려고 감자밭을 휩쓸고 다니며 짓이겼다. 프로이센은 10여 개월간 양쪽 합해서 약 2만 명의 사상자를 낸 이 전쟁을 감자 전쟁이라고 불렀다. 오늘날에도 감자는 독일과 폴란드에서 흑빵과 함께 주식으로 식탁에 오른다.

프랑스에서는 감자가 인체에 유해하다는 속설이 퍼져 한동안 식용으로 이용되지 않았다. 그러다 7년 전쟁 중에 프로이센군에 포로로 잡혔던 약제사 파르망티에(1737~1813)가 독일에서 감자를 맛본 뒤 루이 16세(재위 1774~1792)의 허가를 얻어 감자를 보급하기 시작했다. 참고로 그는 다섯 번이나 프로이센군의 포로가 되었는데, 그때마다 감자를 먹고 생명을 유지했다고 한다. 파르망티에는 루이 16세를 설득해 감자 꽃을 옷깃 장식으로 달거나 귀족에게 나눠주게 하는 등 감자 선전에 열을 올렸고, 일부러 관심을 끌기 위해 서민에게 감자를 주는 것을 금지하는 법령을 내는 등 감자를 고급 식자재로 부각시키기도 했다.

파르망티에는 감자 요리가 맛있다는 것을 알리려고 파리 교외의 레 사블롱 들판에 50에이커(약 20만 ㎡) 정도의 감자밭을 조성하였고, 남미에서 온 진귀한 농작물이라고 소개했다. 낮에는 무장한 감시인에게 망을 보게 했고 밤에는 일부러 감시를 풀었다. 주변 농민들은 삼엄한 감시를 보면서 감자가 맛이 좋은 고가의 작물일 것이라고 믿게 되었고, 한밤중에 몰래 훔쳐가 재배하기 시작했다. 파르망티에의 눈물겨운 노력 덕분에 재배가 시작된 감자는 프랑스 혁명기부터 나폴레옹 시대까지 심각한 기근이 이어지면서 눈 깜짝할 사이에 프랑스 전역으로 확산되었다. 지금도 프랑스 요리에서 파르망티에라는 이름은 모든 감자 요리를 총칭하는 것으로 사용된다.

북아메리카의 감자는 유럽으로부터 전해진 것인데, 1718년에 뉴햄프셔에서 재배된 것이 시초이다. 미국은 포테이토칩(potato chip)으로 유명한데, 이는 1853년에 조지 크럼(George Crum)이라는 요리사가 우연히 발명한 것이다. 그는 뉴욕주 사라토가 스프링(Saratoga spring)의 호텔 요리사였는데, 어느 날 고객이 튀긴 감자(fried potato)가 익지 않았다고 불평을 해 감자를 얇게 잘라 다시 튀겨냈더니 좋은 평가를 받게 된 것이 새로운 요리로 이어졌다고 한다. 처음에는 지명을 따서 사라토가 칩이라고도 불렸다. 참고로 포테이토칩은 칼로리가 달걀의 3.6배, 우유의 9.5배에 달한다.

1845년 아일랜드의 감자밭에 역병이 돌았다. 감자만 먹어온 가난한 아일랜드 사람들에게 닥칠 불행의 시작이었다. 그렇게 시작된 대기근이 1851년까지 계속되었고 수백만 명이 사망하는 비극이 발생한다. 고향에서 희망을 잃은 아일랜드인은 1851년부터 1905년 사이에 미

대기근으로 아일랜드를 떠나는 이민자

국으로 대거 이주했고 그 수는 약 400만 명에 달했다. 미국 제35대 대통령인 케네디의 증조부도 이 시기에 아일랜드를 떠난 이민자 중 하나였다고 한다. 미국에서는 감자를 아이리시 포테이토라고도 부르는데, 비참한 기근과 이민을 배경으로 파생한 이름이다. 20세기 들어 발발한 두 차례의 세계대전하에서 사람들의 목숨을 건지게 한 것 역시 감자였다.

태평양을 건너온 고구마

감자와 달리 광활한 태평양을 넘어 바로 아시아로 전해진 구황작

물로 고구마가 있다. 고구마는 감자가 유럽에서 그러했듯, 아시아의 기근을 구제하고 급격한 인구 증가에 공헌했다.

고구마는 멕시코 고지대가 원산지인 덩굴성 다년생초로, 땅속에서 커진 뿌리 부분이 식용으로 이용된다. 주요 농작물 중에서 단위면적당 칼로리 공급량이 가장 높은 작물이다.

16세기에 멕시코에서 아시아로 향한 스페인인 레가스피(Miguel López de Legazpi)는 필리핀 루손섬의 마닐라를 이슬람교도로부터 빼앗아 지배의 거점으로 삼았다. 그 후 스페인인들은 멕시코의 아카풀코(Acapulco)를 통해 신대륙에서 생산한 값싼 은을 대량으로 마닐라로 운반했으며, 타이완 해협을 넘어 마닐라를 방문한 푸젠 상인과 대규모 무역을 시작했다. 이 무역은 스페인의 대형 범선 갤리언(galleon)의 이름을 따서, 마닐라 갤리언 무역이라고 불렸다.

고구마는 갤리언선을 타고 필리핀에 전해졌다. 멕시코 원주민들이 카모테(kamote)라고 부르던 고구마는 장기간 보존이 가능해서 항해 시 식량용으로 대량 구매해 루손섬으로 옮겨 왔다. 얼마 지나지 않아 고구마는 마닐라에 거주하는 중국인에게 알려졌고 푸젠에 전해진다.

16세기 중반 루손섬에서 타이완 해협 너머로 고구마를 운반한 인물이 있는데, 푸저우의 상인 진진용(陳振龍)이다. 그는 고구마가 우수한 작물이라는 사실을 일찍이 알아본 것이다. 중국에서는 고구마를 달콤한 맛과 붉은색에서 이름을 따 감서(甘薯), 첨서(甜薯), 홍서(紅

薯) 등으로 불렀다.

1594년 푸젠에 기근이 들었을 때, 진진용의 아들 진경륜(陳経綸)이 고구마를 구황작물로 쓸 것을 청하며 푸젠의 지방관 김학증(金学曾)에게 헌상했다. 김학증은 고구마의 높은 생산성에 주목했고, 고구마 보급에 적극 나서 민중의 기근을 구제하였다. 고구마는 금서(金薯)라고 불리며 푸젠의 농민들 사이에 유행하게 되었다.

명나라 말기의 저명한 농학자 서광계(徐光啓)는 1608년에 흉년이 들자 고구마에 관한 소문을 듣고 씨고구마를 구해 상하이에서 재배했고, 구황작물 중 으뜸이라며 중국 전역에 앞장서 보급했다. 그는 저서인 『농정전서(農政全書)』에 고구마 재배법을 기록했다. 고구마가 곡물을 재배하기에 적합하지 않은 메마른 토지에서도 잘 자란다는 사실이 알려지자, 구황작물로 금세 유명해졌다. 청의 건륭제 (1735~1795) 때에는 해안가나 황허 유역의 황폐한 땅에서 널리 재배되었다. 청나라 때 한나라 이후 5,000만 명에서 1억 명 정도로 정체되어 있던 인구가 단번에 4억 명으로 급증했는데, 이러한 인구 증가의 배경에는 고구마가 있었다.

감합무역(勘合貿易, 14세기 말 이후 중국이 주변 나라와 행하던 조공무역-역주) 체제하에서 민간인의 해외 무역을 금지하고 있던 명은 예외적으로 류큐인의 무역을 허용해 주었다. 이전부터 이어져 온 동남아시아의 향나무와 향신료 수입도 전적으로 류큐에 위임하였다. 감합무역의 특례 조치였다.

류큐는 15세기 후반 이후 나하항을 중심으로 동남아시아, 중국, 조선, 일본을 연결하는 국제 교역의 중심지가 되었다. 류큐에 중국에서 유행하던 고구마가 전해진 것은 필연이었을 것이다. 그러나 1609년 류큐 왕국은 일본의 사쓰마 군에 점령되었고, 1705년에 마에다 리에몬(前田利右衛門)이란 어부가 사쓰마에 류큐의 고구마를 들여왔다. 사쓰마의 토지는 화산재로 덮여 있어 곡물이 잘 자라지 못했는데 고구마 덕분에 많은 사람들이 굶주림에서 벗어날 수 있었다. 일본에는 고구마를 들여온 어부를 기리는 신사가 아직 남아 있다.

세계의 식탁을 장식한 신대륙

사랑의 미약 토마토

토마토도 신대륙에서 온 작물로 세계 각지의 요리에 큰 영향을 끼쳤다. 특히 유럽인의 토마토 사랑이 특별한데, 영국에서는 사랑의 사과(love apple), 이탈리아에서는 황금 사과(pomodoro)라는 별칭으로도 부른다. 이탈리아에서 황금이라고 부른 이유는 처음에 들어온 토마토가 노란빛을 띠었기 때문이다. 유럽인들이 처음 본 토마토를 사과의 친척쯤으로 여겼다는 사실도 알 수 있다.

하지만 토마토는 사과가 아니라 가짓과의 식물로, 고향은 감자와 마찬가지로 안데스의 고지대이다. 야생의 토마토는 기껏해야 지름이 1cm에 불과한 작은 것이었는데, 토마토가 안데스를 넘어 멕시코에 전해진 후 아즈텍 사람들이 품종 개량을 거듭하여 원래보다 수십 배 커진 것이라고 한다. 남미의 원주민들은 황금색으로 빛나는 토마토를 태양의 선물이라고 부르며 즐겨 먹었는데, 태양의 에너지를 흡수할 수 있다고 믿었다.

토마토라는 단어의 어원은 아즈텍에서 토마토를 부르는 말의 끝에 토마틀(tomatl, 불룩한 열매라는 뜻)이란 수식어를 붙인 데서 유래한다. 스페인 사람들이 이 말을 듣고 의미를 이해하지 못한 채 유럽에 전달했고, 그렇게 토마토라는 이름이 만들어졌다.

아즈텍 사람들은 토마토에 고추를 넣은 매운 수프를 즐겨 마셨다.

호세 드 아코스타
(Jose De Acosta,1540~1600)

예수회 선교사 호세 드 아코스타(Jose De Acosta, 1540~1600)가 약 20년간 중남미 각지를 조사한 끝에 저술한 『신대륙 자연 문화사』(1571)에는 토마토를 산뜻하고 몸에 좋은 수분이 많은 커다란 알맹이 모양의 열매로 묘사하면서, 맛있는 수프를 만들거나 매운 고추(chili)의 맛을 부드럽게 하는 데 쓴다고 적었다.

토마토가 유럽에 전해진 유래에 관해서는 콜럼버스가 두 번째 항해에서 가지고 온 것이라는 설과 이름 없는 스페인 선원이 전한 것이라는 설이 있다. 유럽 문헌에 토마토라는 단어가 처음 등장한 것은 1544년에 베네치아 사람이 쓴 책으로,

잘 익으면 황금색이 되는 작물로 소개되어 있다. 영국에서는 1596년에 제럴드라는 식물학자가 자택 정원에서 토마토를 재배하여 먹었다는 기록이 있다.

사실 토마토는 유럽에서 오랜 기간 동안 식자재로 이용되지 않고 감상용 작물로 여겨졌다. 의사 중에는 신비한 효능을 지닌 약용 식물로 보는 이도 있었고, 생산성이 높은 황금빛 토마토를 정력이나 최음에 좋은 식물이라고도 생각했다. 앞서 기술한 대로 유럽에서는 처음에 토마토를 사과의 한 종류라고 생각했다. 고대 그리스에서 사과는 미의 여신 아프로디테의 것으로 사랑의 상징이었다. 영국에서는 청교도 혁명(Puritan Revolution, 1640~1660) 기간 중에 법률로 토마토의 재배를 금지했는데, 이유는 상상할 수 있을 것이다. 오늘날에 토마토를 채소가 아닌 최음제로 먹는 일은 없겠지만, 여전히 영국에서 토마토를 사랑의 사과로 부른다든가 미국에서 정력에 좋다는 뜻인 늑대 사과(wolf apple)로 부르는 것은 예전의 이미지가 남아 있는 연유일 것이다.

일본에는 17세기에 포르투갈인이 토마토를 들여왔는데 독특한 풋내 때문에 사랑받지 못해 널리 퍼지지 않았다. 1708년에 쓰인 서적에 적가자(赤茄子)라고 표기되어 있는 등 가지의 한 종류로 봤다. 그 외에 동양에서는 줄기가 우거진다고 해서 번가(蕃茄)라고도 불렀다.

유럽의 토마토 재배는 17세기 이후에 기후가 온난하여 노지 재배가 가능했던 이탈리아에서 본격화되었다. 18세기가 되면 시칠리아섬이 세계 최대의 토마토 산지가 되었고, 씨앗에서 짠 기름으로 비누도 만들었다. 이탈리아에서 토마토를 파스타와 조합하여 먹기 시작한 것은 18세기 초엽의 일로, 남부의 나폴리에서부터다. 참고로 나폴리탄 스파게티는 이름과는 달리 나폴리에서 만들어진 것이 아니다. 토마토소스를 베이스로 한 스파게티를 즐기던 나폴리 사람들이 미국으로 이민을 가서 고향의 음식을 만들려고 보니 현지에서는 토마토소스를 구할 수가 없었다. 할 수 없이 케첩으로 맛을 내 스파게티를 만들어 먹었는데, 이것이 일본에 전해져 일본식으로 변형된 음식이 나폴리탄이다.

토마토는 생선이나 고기의 잡내를 잡고 적당한 산미로 채소의 맛을 끌어내 요리를 빛내는 식자재로 재평가되었다. 19세기 중반에는 이탈리아 전역에서 파스타에 토마토소스를 사용하는 것이 일반화되었고, 피자에도 토마토소스를 이용하게 되었다. 1804년에 프랑스인 니콜라 아페르가 통조림을 발명했고, 토마토도 통조림으로 만들어져 널리 보급되었다. 1875년에 이탈리아 토리노에서 프란체스코 치리오가 세계 최초로 토마토 통조림 공장을 설립하였다. 비슷한 시기에 살레르노 인근의 산 마르자노 마을에서는 피망처럼 얇고 길게 개량한 스튜용 토마토를 만들었는데, 20세기 들어 통조림으로 대량 생산하는 시스템을 갖추어 전 세계로 수출하였다. 오늘날 이탈리아의 일인당 연간 토마토 소비량은 약 55kg으로 압도적으로 많고, 생산 면에서도 유럽의 약 40%를 차지한다.

강낭콩과 땅콩의 대이동

강낭콩은 중국에서 왔을 것 같은 이미지가 있지만, 알고 보면 중남미에서 온 식자재이다. 1492년에 60여 일의 항해 끝에 카리브해에 도착한 콜럼버스는 이 바다를 아시아의 바다로 착각했다. 그는 쿠바섬을 중국 북부의 키타이(거란)라고 생각했고, 남쪽의 아이티섬은 황금의 섬 지팡구라고 믿었다. 쿠바섬에서 콜럼버스는 키타이와 교역할 요량으로 사절을 보냈는데, 그들이 찾은 것은 담배와 강낭콩뿐이었다. 그래도 실망하기엔 이르다. 콜럼버스가 유럽에 보낸 강낭콩은 이윽고 신대륙을 대표하는 콩이 되었고, 서양 요리에서 당근, 감자와 함께 스테이크 접시를 수놓는 채소가 되었으니 말이다.

유럽에서 강낭콩을 재배하기 시작한 것은 16세기 초반의 일로, 이탈리아의 인문주의자 발레리아노가 화분에 심어 길렀다는 기록이 있다. 구체적으로는 한 항해사가 교황 클레멘스 7세에게 강낭콩 씨앗을 바쳤는데, 교황이 이 중 몇 개를 손에서 놓쳤고 발레리아노가 이를 주워 기르게 되었다는 이야기이다. 이후 얼마 지나지 않아 피렌체 메디치가의 카트린 드 메디시스(1519~1589)가 프랑스의 앙리 2세와 결혼하게 되었는데, 이때 동행한 요리사가 가져온 진기한 식자재 중 하나로 강낭콩이 프랑스에 소개되었다. 그녀도 발레리아노에게서 강낭콩 씨앗을 받았던 것이 아닐까?

강낭콩은 프랑스에서는 처음에 소화가 잘 안 되고 위가 거북해진다며 그다지 좋은 평가를 받지 못하다가, 17세기 중반 이후 점점 식탁에 오르게 되었다. 19세기 초반, 미식가 브리야사바랭은 비만의 원인이 된다고 해서 싫어했지만, 그 무렵 전 유럽을 호령한 나폴레옹은 강낭콩을 좋아했다고 한다. 강낭콩은 점차 다른 콩을 내몰고 유럽 요리를 대표하는 콩이 되었다.

중남미가 원산지인 강낭콩이 어떤 경로로 중국에 전해지게 된 건지는 확실하지 않지만, 명나라 말기에 해금 정책(海禁政策, 명·청 시대에 시행된 해상 교통, 무역, 어업 등에 대한 제한 정책-역주)이 무너지고 상인들이 밀무역을 일삼던 시대에 포르투갈이나 스페인에 의해 전해진 것으로 보인다. 명나라 시대의 책인 『본초강목(本草綱目)』에 강낭콩이 기재되어 있는 걸로 보아 이 시기에는 확실히 전해졌음을 알 수 있다. 이윽고 강낭콩은 중국 요리에서 일반적으로 쓰이는 식자재가 되었다.

17세기 전반 명은 이자성의 난을 비롯한 연이은 농민 반란으로 쇠퇴하였고, 결국 여진에 정복당하며 청이 성립된다. 이후 푸젠 성 샤먼(廈門)을 거점으로 명나라 부흥운동을 이끌던 정성공(鄭成功, 1624~1662)이 타이완에 주둔 중이던 네덜란드 동인도회사의 군대를 격파하고 타이완을 거점으로 한 상업 제국을 건설한 뒤 청에 대한 저항을 계속했다. 그즈음 명의 부흥을 원하던 이들 중의 상당수는 일본으로 건너가 지원을 요청했다. 그중에 황벽종(黃檗宗)의 승려 은원(隱元)이 있었다. 후일 막부의 지원으로 일본 황벽종의 본산인 만복사(萬福寺)를 창건하기도 한 은원은 강낭콩(インゲンマメ, 인겐마메)을 일본에 전한 인물로도 알려졌다. 신대륙의 콩에 중국식 이름이 붙게 된

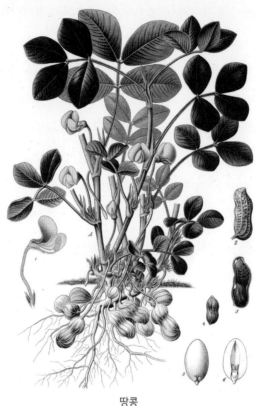

땅콩

사연이다. 한편 은원이 일본으로 가져온 콩이 강낭콩이 아니라 아프리카 열대 지방산 제비콩이었다는 설도 있다.

콩과 식물 중에서 현재 대두 다음으로 생산량이 많은 땅콩(peanut)은 단백질과 식물성 기름을 다량 함유하여 널리 쓰이고 있다. 땅콩의 영어명은 그 속성을 나타내는 단어(pea, 완두)와 맛을 뜻하는 단어(nut, 견과)가 합쳐진 것이다. 땅콩은 볼리비아 등 안데스 지역이 원산지란 설이 유력하지만, 서인도제도나 브라질에서 왔다는 설도 있다.

땅콩은 작은 나비 모양의 꽃을 피우고 수정 후에는 씨방이 길게 자라나 땅속으로 들어간 뒤 누에고치 형태의 열매를 맺는 특이한 식물이다. 지상에서 꽃을 피우고 지하에서 열매를 맺는 특이한 성질 때문에 낙화생(落花生)이라는 이름이 붙기도 했다. 대항해 시대 이후 세계 각지로 전파되었고, 18세기 이후 중국을 경유해 동아시아로 전파되었다. 이러한 유래 때문에 남경두(南京豆)라고도 불린다.

아프리카 대륙에는 16세기 초에 포르투갈의 노예 상인이 아프리카 서해안으로 가는 배 안에서 먹을 식량으로 땅콩을 가져간 것이 계기가 되어 전파되었다. 비슷한 시기에 남아프리카 서해안에서 출발해 필리핀 군도로 나아간 스페인인에 의해 마다가스카르와 인도, 중국에까지 전해지게 된다.

18세기 말이 되면 아프리카로부터 미국에 노예와 함께 땅콩이 들어왔다. 남아메리카에서 시작된 땅콩의 여정이 아프리카를 경유해서 북아메리카로 돌아와 끝난 셈이다. 미국에 들어온 땅콩은 이후에도 흑인 노예 문제와 관련을 맺는다. 미국의 땅콩 재배는 노예제 폐지를 둘러싸고 발생한 남북 전쟁(1861~1865) 이후에 급속도로 퍼지는데, 남부 사람들이 볶은 땅콩을 먹던 습관이 참전한 북군 병사를 통해 북부로 알려져 전국적으로 유행했던 것이다. 1890년대에는 채식주의자인 의사 존 켈로그(1852~1943)가 식물성 지방을 함유한 건강식품을 보급하려고 땅콩버터(peanut butter)를 만들었는데, 땅콩버터는 20세기 들어 미국에서 가장 사랑받는 음식 중 하나가 되었다.

칠면조는 인도 새? 터키 새?

칠면조는 신대륙을 대표하는 꿩과의 조류로 생김새가 매우 볼품 없다. 머리부터 목까지 피부가 노출되어 살덩이가 그대로 드러나 있고, 울퉁불퉁한 돌기는 빨간색, 파란색, 보라색 등으로 변하는데 칠면조라는 이름이 여기에서 유래했다. 그러나 보이는 것과 달리 육질은 매우 훌륭하다.

브리야사바랭은 저서 『미식 예찬』에서 "탐욕스럽기로 명성이 자자한 인류 최초의 조상이여. 그대의 몸은 단 한 개의 사과를 위해서 망가뜨려졌지만, 트러플로 가득 찬 칠면조를 위해서라면 어떠했을까? 그러나 지상의 낙원에는 아직 요리사도 제빵사도 없었다. 아아, 가여운 사람들이여!"라고 서술했다. 미식가 브리야사바랭도 이상한 외모를 한 칠면조 고기에 홀딱 반했던 것이다.

미국에서는 추수감사절과 크리스마스 때 으레 칠면조 속에 버섯이나 밤을 넣은 요리를 먹곤 한다. 미국에서는 칠면조를 새고기의 왕으로 꼽는 데다 크리스마스 즈음이면 마침 새끼 고기를 먹기 좋은 시기가 되고, 버섯이나 나무 열매도 익는 시점이어서 적당했다. 본래 칠면조의 새끼 고기를 즐기는 것은 원주민의 식문화였는데, 유럽의 이민자에게 흡수되어 기독교 세계와 융합되었다.

　이러한 문화 융합의 배경에는 미국을 개척한 필그림 파더스(Pilgrim Fathers, 최초의 순례자)의 힘들었던 정착기와 그들을 도운 원주민 간의 교류가 있다. 1620년, 102명의 영국인 청교도가 국왕 제임스 1세(재위 1603~1625)의 청교도 탄압을 피해서 범선 메이플라워호를 타고 보스턴 동남부의 플리머스에 도착했다.

　그들은 험난한 기후와 굶주림에 시달리면서 식민지를 개척해 나갔는데, 이때 그들의 생명을 구해준 것은 농사법을 알려준 원주민이었다. 살아남은 청교도는 이듬해 11월에 신과 원주민에게 감사하는 마음을 표현하기 위해 감사제를 열었고, 당시 식민지에서 찾을 수 있는 가장 훌륭한 식재료였던 칠면조를 구웠다. 이것이 관습이 되어 이어진 크리스마스에도 칠면조 요리를 먹게 되었다. 미국에서 11월 넷째 주 목요일인 추수감사절은 1863년에 링컨 대통령이 국가 행사로 지정한 것이다. 캐나다에서는 10월 둘째 주 월요일을 감사절로 지키고 있다.

　야생 칠면조는 중미에서 북미에 걸친 넓은 지역에 서식하고 있으며, 아즈텍과 마야에서 파보(pavo, 아름다운 새)라고 불리며 신성시되었다. 코르테스(1485~1547)가 아즈텍 제국을 정복한 당시, 아즈텍의 궁정에서는 매일 100마리의 칠면조를 먹었다고 한다. 칠면조는 1518년에 스페인인이 유럽으로 들여온 이후 지중해 연안에서 주로 사육되었다. 크고 맛 좋은 칠면조를 통구이로 먹는 식문화가 이내 유럽에 전파되었다.

브리야사바랭은 "칠면조는 가금류 중에서 가장 크며, 우아하다고 는 말할 수 없지만 적어도 제일 맛있는 고기이다"라고 적었다. 19세 기 초반, 11월부터 2월까지 4개월간 파리에서만 약 3만 6,000마리 의 칠면조가 요리로 만들어졌다고 하니, 칠면조를 먹는 식문화는 프 랑스에서도 완전히 뿌리를 내렸다고 할 수 있다.

칠면조는 영어로 터키(turkey)라고 하는데, 말 그대로 터키에서 온 새를 뜻한다. 유래는 아프리카가 원산지로 터키로부터 영국으로 들 어온 호로호로새를 터키 닭(turkey cock)이라고 부르다가, 이 새와 유 사하게 생긴 칠면조를 같은 이름으로 부르게 된 것이다. 나중에는 이 조차 축약해서 터키라고 부르게 되었다고 한다.

프랑스에서는 암컷 칠면조나 1년 미만의 수컷 칠면조를 댕드 (dinde)라고 부르는데, 이는 인도의 것(inde, 앙드) 또는 인도에서 왔다 는 의미(d'inde, 당드)이다. 일찍이 콜럼버스가 신대륙을 인도라고 착각 해서 원주민을 인디언이라고 부른 것과 같은 연유일 것이다. 일부 지 역에서는 제수이트(jesuit)라고도 부르는데, 예수회(Jesuit) 소속 선교사 가 칠면조를 처음으로 프랑스에 소개한 까닭이다.

신대륙에서 키운
유럽의 기호품

씁쓸한 물이었던 초콜릿

초콜릿의 원료로 유명한 카카오(cacao)는 아마존강 유역이 원산지로 벽오동나뭇과에 속한다. 건조해서 분말로 만들면 코코아가 된다. 카카오라는 이름은 중앙아메리카의 아즈텍과 마야에서 카카오나무나 열매를 카카우아틀(cacahuatl, 카카오의 물이라는 뜻-역주) 혹은 카카우(kakaw)라고 부르던 데에서 따왔다. 카카오의 학명은 테오브로마 카카오(Theobroma Cacao)로, 그리스어인 테오브로마는 남성 신인 테오와 음식인 브로마가 합쳐진 단어이다. 즉 신의 음식이란 뜻인데, 훌륭한 맛을 찬양할 때 수식어로 쓰던 말이라고 한다.

카카오는 나무를 심고 4년 남짓 지나면 수확하기 시작하는데, 이후 20년에서 25년간 수확할 수 있다. 길이가 15cm에서 20cm 정도인 방추형의 열매에 40개 정도의 씨앗이 들어 있고, 한 그루의 나무에서 연간 70개에서 80개의 열매를 채집한다. 아즈텍인과 마야인은 카카오 씨앗을 고추 씨앗과 함께 갈아 끓인, 걸쭉하면서도 맛이 강열한 음료를 만들었다. 아즈텍어로 쓴 물이란 뜻의 초콜라틀(chocolatl)이라고 불린 이 음료가 바로 초콜릿(chocolate)의 기원이다.

아즈텍 제국에서는 카카오 콩을 왕에게 바치는 헌납품이나 화폐로 이용했고, 콩 100개당 노예 한 사람을 교환할 수 있을 정도로 고가였다. 1521년, 36세의 코르테스가 보병 500명과 대포 14문, 말 16마리만으로 아즈텍 제국을 멸망시켰을 때, 귀한 카카오 열매도 스페인에 전해졌다. 아즈텍의 몬테주마 2세를 접견한 코르테스는 황제가 마시고 있던 초코라틀을 마음에 들어 했고 카카오 콩과 가공 도구를 가지고 스페인으로 돌아갔다.

초콜릿은 이내 스페인 왕실과 귀족 사회에서 사치스러운 음료로 유행했는데, 그들의 입맛에 맞게 고추 대신에 신대륙에서 온 바닐라와 설탕을 넣어 오늘날과 같은 형태의 초콜릿을 만들었다. 쓰고 매운 아즈텍의 음료가 스페인 땅에서 달콤한 초콜릿으로 모습을 바꾼 것이다. 그 후 약 100년간, 스페인의 귀족들은 초콜릿을 국외로 내보내지 않고 자신들만 독점하고자 했다.

17세기 초, 프랑스의 루이 13세(재위 1610~1643)와 스페인의 왕녀 안 도트리슈가 결혼하면서 코코아를 마시는 습관이 프랑스 귀족에

카카오 열매

게 전해졌다. 이후 프랑스와 이탈리아에서 크게 유행했고, 당연하게도 멕시코산 카카오만으로는 수요를 감당할 수 없어 재배지를 확대하였다.

카카오는 처음에는 스페인이 독점 판매하는 체제였기 때문에 중앙아메리카에서 스페인으로만 수출이 가능했다. 그러다 1525년에 카리브해의 트리니다드섬에 옮겨 심어졌고, 베네수엘라에 카카오 농장이 세워졌다. 1567년에 건설된 베네수엘라의 도시 카라카스에서는 플랜테이션 농업으로 카카오의 대량 생산이 가능해졌고 카카오가 집산하는 도시가 된다. 1684년에 베네수엘라에는 카카오나무가 37만 그루, 카카오 농장에서 일하는 흑인 노예가 1만 6,000명이 있었지만, 18세기가 되면 각각 500만 그루, 20만 명으로 급증했다.

스페인의 카카오 독점은 네덜란드인이 베네수엘라의 카카오를 카리브해의 퀴라소섬에 옮겨 심고 유럽으로 수출하면서부터 무너졌다. 유럽 대부분의 나라에 코코아를 마시는 습관이 뿌리내린 18세기 말에는 베네수엘라로 한정지었던 카카오 재배 지역에 관한 스페인의 정책이 느슨해졌고, 에콰도르 등 주변 지역으로 재배 범위가 넓어졌다. 포르투갈에서 독립한 브라질에서도 1888년에 노예제도가 폐지된 후, 사탕수수 농장에서 일했던 해방 노예를 중심으로 영세 농가에서도 카카오를 재배하게 되었다. 1900년에는 브라질을 중심으로 한 남아메리카가 세계 카카오 생산의 80% 이상을 차지하게 되었다.

17세기에 스페인은 식민지인 필리핀의 여러 섬으로 카카오를 옮겨 심었고, 이어서 네덜란드가 실론섬과 인도네시아의 여러 섬에 카카오를 옮겨 심었다. 아프리카에서는 네덜란드인에 의해 아프리카 서해안의 기니만에 있는 산토메섬에서 카카오 재배가 시작되었고, 19세기 후반에 현지인들에 의해 서아프리카로 옮겨졌다.

1828년에는 네덜란드의 화학자 콘라드 반 호텐이 카카오에서 지방을 제거하여 분말로 만드는 기계를 발명해서 초콜릿 파우더를 만들었는데, 이것이 오늘날의 코코아 파우더이다. 현재 세계 최대의 코코아 회사는 창업자의 이름에서 온 반 호텐(Van Houten)이고, 네덜란드인이 가장 선호하는 음료로 코코아를 들곤 한다. 1847년에는 영국 서부의 항구 도시 브리스톨에서 카카오에서 추출한 유분으로 만든 코코아 버터에 설탕, 카카오 분말을 넣어 굳힌 초콜릿이 만들어졌다. 오늘날 초콜릿 하면 일반적으로 떠올리는 형태였다.

고추와 타바스코 소스

가짓과의 고추는 페루를 원산지로 하며, 예로부터 아메리카 대륙에서 널리 쓰던 매운맛이 강한 향신료이다. 고추는 안데스 지방에서 잉카 제국 이전부터 사용해 왔을 정도로 역사가 오래되었고, 마야 문명권에서는 음식 외에 정장제(整腸劑)로 썼을 정도로 쓰임새가 다양했다. 고추의 친척이지만 단맛을 지닌 채소로는 피망과 파프리카가 있다.

유럽에 알려지게 된 계기는 콜럼버스가 카리브해의 히스파니올라섬에 도착했을 때 아히(aji)라고 불리던 고추를 알게 되어, 1493년에 스페인으로 가지고 온 것이다. 지금도 스페인에서는 고추를 아히라고 부른다. 영어로는 고추를 칠리(chili)라고 하는데, 남미의 칠레(Chile)라는 나라 명과는 관련이 없고, 스페인에서 아주 매운 것을 칠리라고 부른 데서 유래한 말이다.

유럽에서는 고추로 만든 매운 타바스코(tabasco) 소스가 유명한데, 주 재료인 고추 종자의 이름에서 따온 것이다. 타바스코 고추는 아즈텍을 정복한 코르테스가 스페인에 가져와 알려지게 된 것으로, 멕시코 남동부의 지역 이름에서 따온 말이다. 원주민 언어로는 습한 토지라는 뜻인데, 코르테스가 아즈텍 정복을 도운 현지 여성 말린체와 만난 곳이기도 하다. 텍사스를 둘러싸고 발생한 미국-멕시코 전쟁(1846~1848)이 한창이던 무렵, 글리슨이라는 미국 병사가 그때까지 미국에 없던 이 강렬한 매운맛의 고추 종자를 멕시코로부터 가지고 돌아왔다. 씨앗은 남부 출신 은행가 에드먼드 매컬러니에게 전해졌고, 남북전쟁 이후 형편이 어려워진 그는 처가인 루이지애나주로 돌아와 그곳 농장에서 고추 재배에 성공하게 된다. 빨간 고추에 소금과 향신료를 넣어 3년간 발효시킨 소스를 완성한 매컬러니는 1868년에 이 소스에 타바스코라는 상표를 붙여 팔았고, 이윽고 루이지애나의 생선 요리에 어울리는 소스로 명성을 떨치게 되었다. 혀가 마비될 정도로 매운 타바스코 소스는 뉴욕을 거쳐 유럽으로 전해졌고, 그 강렬한 맛은 세계인의 입맛을 사로잡았다.

고추는 예로부터 고유한 향신료 문화가 있던 아시아에도 널리 수용되어 인도, 동남아시아, 중국, 한국 등의 식문화에 커다란 영향을 끼쳤다. 일본에는 1543년에 포르투칼인에 의해 들어왔는데, 남만 후추나 남만 혹은 당겨자라고 불렸다. 이런 호칭은 임진왜란 때 고추를 몰랐던 일본인 무사가 조선에서 고추를 가지고 들어오면서 붙여진 이름으로 추측된다. 그런데 사실 조선의 고추는 원래 일본을 통해 전해진 것이다. 당시 조선에서 고추를 왜겨자(倭辛子)라고 불렀다는 사실이 이를 입증한다.

고추는 깔끔한 맛을 선호하는 일본에서는 인기가 없었고, 한국에서 쌀, 누룩, 고추 등을 섞어서 발효, 숙성한 고추장이 만들어지는 등 한국 요리의 기본 조미료가 되었다. 발효 식품인 김치에도 고추는 빠지지 않는다. 김치는 배추와 무 등을 절인 다음 마늘, 고추 등의 양념을 섞어서 발효한 것이다. 유명한 배추김치 외에도 약 200종에 달하는 다양한 김치가 있으면, 일본에서도 즐겨 찾는 음식이다.

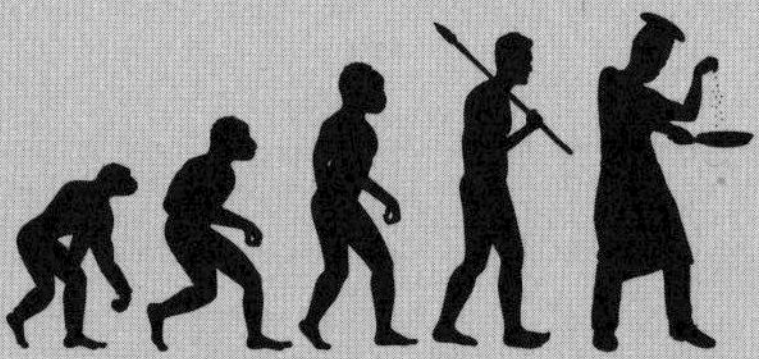

6장

설탕과
자본주의 경제

유럽은 신대륙에 이어 아시아 각지에서도 상품
작물을 재배하기 시작했고, 청으로부터 홍차를
대량으로 들여오는 등의 변화를 맞이하였다. 그
중에서 주요 상품은 역시 설탕이었다. 설탕은 유
럽의 식탁을 세계화하고, 자본주의 경제의 성장
을 견인하는 역할을 했다.

01

일용품이 된
기호품

바다에서 등장한 자본주의

16세기 구대륙과 신대륙 간에 콜럼버스의 교환이 왕성히 이루어지며 급속도로 확장했던 유럽 경제가 17세기가 되면서 위축되기 시작했다. 페루와 멕시코에서 들어오던 은의 양이 급속도로 줄었고, 유럽 경제는 성장하지 못하고 정체되었다.

한편 이 시기에 신대륙에는 유럽 시장에 내다 팔 상품 작물을 재배하는 플랜테이션 농장이 다수 설립되었다. 설탕과 커피 등 유럽인이 원하는 상품이 대량으로 유럽으로 들어오게 되었다. 유럽에 나지 않는 작물을 식민지에서 재배하게 되면서 유럽인의 식탁은 새로운 식자재로 풍요로워졌고 음식의 세계화가 싹트게 되었다.

17세기에 유럽 각국은 무역을 중시하는 중상주의 정책을 내세우며 경쟁적으로 무역 네트워크를 확대했다. 이 중 선두주자는 신흥 상업국 네덜란드였다. 네덜란드는 네덜란드 독립 전쟁(1568~1648)으로 스페인으로부터 독립한 후, 탁월한 조선 능력과 해군력을 앞세워 17세기 전반에 해상 무역의 패권을 확립했다. 그러나 17세기 후반 들어 해군력이 쇠퇴하면서 급속도로 몰락했고, 18세기에는 영국이 그 자리를 대신했다. 17세기에서 18세기로 이어지는 시기에 유럽은 환대서양 지역을 연결하는 무역 시스템을 확립하였고 자본주의 사회로의 이행을 정비했다. 이어진 산업혁명은 정치, 경제, 사회, 정신적 측면에서 전방위적인 변화를 가져왔다.

유럽은 신대륙에 이어 아시아 각지에서도 상품 작물을 재배하기 시작했고, 청으로부터 홍차를 대량으로 들여오는 등의 변화를 맞이하였다. 그중에서 주요 상품은 역시 설탕이었다. 설탕은 유럽의 식탁을 세계화하고, 자본주의 경제의 성장을 견인하는 역할을 했다.

플랜테이션과 박물학

17세기는 뉴턴으로 대표되는 과학혁명의 시대인 한편, 박물학이 유행한 시기이기도 했다. 세계 각지에서 수집된 방대한 양의 동식물 표본과 지식이 유럽으로 모여들었다. 상품 가치가 입증된 동식물은 세계 각지로 옮겨져 재배 혹은 사육되었다. 유럽인은 박물학에서 얻은 지식을 토대로 지구 생태계를 새로 만들다시피 했다. 당연히 각 지역의 식자재와 요리, 나아가 음식 문화에도 커다란 변화가 생겼다.

유럽인이 신대륙을 중심으로 세계 각지에서 전개한 플랜테이션 농업은 원주민이나 이주민, 흑인 노예의 값싼 노동력을 이용해 유럽 시장에서 내다 팔 상품 작물을 대량 생산하는 시스템이다. 이는 유럽 경제와 결합했을 때에만 유지 가능한 것이었다. 설탕, 담배, 커피 등의 상품 작물은 유럽의 항구로 운반되어 그곳으로부터 재수출되었다. 예전에는 사치품이었던 향신료와 기호품이 대량으로 생산되면서 일용품이 되었다. 유럽의 식문화는 세계 각지에서 끌어모은 식자재로 인해 단번에 몸집을 불릴 수 있었다.

설탕의 길고 긴 여행

사탕수수는 오늘날에도 세계에서 가장 많이 생산되는 농작물이다. 사탕수수의 줄기를 으깨서 즙을 짜면 물에 녹기 쉬운 결정인 설탕이 정제된다. 대항해 시대 이후에 브라질과 카리브해의 플랜테이션에서 대량 생산된 설탕은 환대서양 세계의 주요 상품이 되어 자본주의 경제 시스템을 형성하는 원동력이 되었다.

이제 유럽의 식생활에 큰 변화를 가져온 설탕의 발자취를 되짚어 보자. 설탕을 의미하는 영어 단어 슈거(sugar)는 프랑스어 슈크레(sucre)가 변형된 것인데, 슈크레의 기원은 아랍어 슈카(sukkar), 산스크리트어 사르카라(sarkara)까지 거슬러 올라간다. 사탕수수의 원산지는 동남아시아의 뉴기니이지만 인도인에 의해 상품 작물로 발전한 것임을 알 수 있다. 불교를 창시한 석가모니의 집안은 사탕수수를 문장으로 삼았다고 하는데, 히말라야 산기슭에서 사탕수수를 재배했던 것이 아닐까 추측된다. 마케도니아의 알렉산드로스 대왕(재위 기원전 336~323)이 인도로 원정을 떠날 때, 사령관 네아체스가 "인도에서는 벌의 도움 없이 갈대 줄기에서 꿀을 만들고 있다"라고 보고했다는 이야기가 있다. 인도에서는 이미 오래전부터 설탕을 알고 있던 것이다. 참고로 갈대 줄기는 사탕수수를 뜻한다.

사탕수수가 중국에 들어온 것은 기원전 1세기 무렵이었고, 설탕을 정제하기 시작한 것은 그로부터 200년에서 300년이 지난 후였다. 일본에서는 1609년에 중국의 푸젠 지방을 통해 사탕수수 모종이 들어와 제조된 것으로 보고 있다.

8세기 중반 이후, 이슬람 교역권이 성립되자 설탕은 인도에서 이라크로 전해진다. 이후 키프로스섬을 거쳐 이집트 등의 지중해 연안 지역으로 전파된다. 이집트에서는 710년 이후 설탕 제조업이 자리를 잡았고, 9세기 초에는 사탕수수 재배와 설탕 제조가 왕성하게 이루어지면서 각지에 수출되었다.

유럽에는 십자군 원정 때 베네치아를 경유해서 설탕이 전해졌는데, 값비싼 귀중품이어서 약품으로 주로 사용되었다. 『신학대전』을 저술한 토마스 아퀴나스는 설탕이 소화를 촉진시키는 약이 된다고 기록하였다. 14세기가 되면 베네치아 상인이 키프로스섬에서, 그리고 제노바 상인이 시칠리아섬에서 본격적으로 사탕수수를 재배하기 시작한다.

엔히크 항해 왕자(1394~1460)가 마데이라섬 등 아프리카 연안의 섬을 탐사하던 시기에는 포르투갈인이 사탕수수를 재배하여 큰 이윤을 남겼다. 이후 사탕수수는 1580년경에 포르투갈의 식민지인 브라질로 옮겨 심어졌다. 16세기 후반부터 17세기 전반에 유럽에서 소비된 설탕의 대부분은 브라질에서 공급된 것이었다.

사회적 지위의 상징이 된 설탕

17세기가 되면 네덜란드가 큰 이윤을 기대할 수 있는 사탕수수 재배에 적극적으로 뛰어들었다. 네덜란드 이주민은 너 나 할 것 없이 남아메리카 북동부 가이아나에 사탕수수 플랜테이션을 건설했다. 17세기 중반 이후에는 영국과 프랑스가 설탕 생산에 뛰어들었다.

영국은 1624년에 서인도제도의 동쪽 끝에 있는 바베이도스섬을, 1655년에는 바베이도스의 약 30배에 달하는 자메이카섬을 점령했다. 네덜란드인에게서 설탕 제조법을 배운 영국인은 이 두 섬에 플랜테이션을 만들고 대규모 설탕 생산에 착수한다. 18세기가 되면 자메이카는 브라질을 제치고 세계 제1의 설탕 생산지가 된다.

17세기 말에는 프랑스가 스페인령인 히스파니올라섬 서부(오늘날 아이티)의 생도맹그를 차지하고 사탕수수 플랜테이션 경영에 나섰고, 18세기에는 자메이카와 맞먹는 설탕의 주요 생산지로 만들었다. 설탕 생산으로 인하여 서인도제도의 생태계는 급변하였고, 흑인 노예의 다수 유입으로 사회 변동이 발생한다. 이를 설탕 혁명이라고 한다. 서인도제도는 대항해 시대에 유럽인이 전파한 천연두 때문에 원주민의 수가 급감해 있었기 때문에 농장에 필요한 일손은 아프리카에서 끌고 온 흑인 노예로 채워졌다. 이로 인해 이 지역의 인구 구성은 전환점을 맞이하였다.

대량 생산된 설탕은 아시아의 후추, 정향, 육두구 등을 능가하는 조미료가 되어 환대서양 세계의 상품 경제를 확장하는 데 큰 공헌을 했다. 18세기가 되면 설탕은 더 이상 사치품이 아니었다. 영국의 1인당 설탕 소비량은 1600년에 400g에서 500g였는데, 17세기에는 약 2kg, 18세기에는 약 7kg까지 증가하여 가난한 가정에서도 일상적으로 설탕을 소비하게 되었다. 달콤한 맛을 즐기게 된 서민은 일찍이 부유층이 독점했던 설탕을 탐욕스럽게 소비하였다. 설탕을 입에 넣으면 사회적 지위가 올라간 것 같은 환상에 사로잡혔다. 설탕 소비량이 단기간에 급증한 데에는 이런 이유가 있었다. 이후 설탕은 중국의 차, 그리고 이슬람의 커피와 결합하여 유럽에 새로운 기호 문화를 만들어냈다.

설탕 생산을 지탱한 노예무역

여름이 계속되는 열대 지방에서는 사탕수수 재배가 일 년 내내 가능했다. 심는 시기만 잘 조절하면 높이가 3m에서 6m에 달하고 두께는 2cm에서 5cm 사이로 성장하는 사탕수수를 계속 수확할 수 있었다. 사탕수수를 수확할 때는 일단 밭에 불을 질러 걸리적거리는 잎과 해충을 제거한다. 그런 다음 줄기를 잘라 다발로 묶고 짐수레에 실어 플랜테이션 농장의 설탕 공장으로 운반한다. 줄기에서 짠 즙을 정제하여 농축하고, 결정화와 분밀(分蜜), 냉각 과정을 거치면 설탕이 완성된다.

사탕수수는 수확 후에 단맛이 빠르게 빠지기 때문에 재빠르게 작업하는 것이 관건이다. 그 때문에 많은 노동력이 필요했고 브라질 등지의 플랜테이션에는 언제나 많은 수의 흑인 노예로 북적였다. 설탕 플랜테이션은 100명 정도의 노동력으로 연간 80톤의 설탕 생산이 가능했다. 1645년에 바베이도스에 살았던 한 영국 사람은 흑인 노예를 사면 1년 반 안에 본전을 찾을 수 있다고 언급한 편지를 썼다. 흑인 노예는 그야말로 부를 낳는 황금알이나 마찬가지였고, 1701년에서 1810년까지 109년 사이에 바베이도스에만 25만 2,500명, 자메이카에는 66만 2,400명에 달하는 흑인 노예가 끌려왔다.

18세기에는 커피와 홍차가 보급되면서 설탕 수요가 더욱 증가하였다. 서인도제도의 설탕 플랜테이션은 성장을 거듭했다. 설탕 외에도 면화와 인디고, 담배, 커피 등으로 플랜테이션의 재배 품목이 늘

사탕수수 농장을 보여주는 테오도르 브레이(Theodore Bray)의 19세기 석판화. 오른쪽에는 감시자인 유럽 백인이 있고, 노예들은 수확 기간 동안 힘들게 일하고 있다. 왼쪽에는 사탕수수를 수송하기 위한 바닥이 편평한 배가 있다.

어났고, 흑인 노예에 대한 수요도 계속 높아졌다. 이 시기에 노예무역을 주도한 것은 단연 영국인이었다. 스페인의 왕위 계승을 둘러싸고 유럽 각국이 벌인 스페인 계승 전쟁(1701~1714)으로 체결된 위트레흐트 조약(1713)에는 영국에 스페인 식민지에 대한 독점적인 노예 무역권(아시엔토, Asiento)을 부여한다는 내용이 담겼다. 영국의 노예선은 보다 효율적으로 노예를 수송할 수 있도록 설계되었고, 네덜란드 등 다른 나라를 압도했다. 면화, 무기, 화약, 금속 공예품, 유리 세공품, 술 등을 싣고 노예무역의 거점인 리버풀 항을 출발한 노예선은 아프리카 서쪽 해안으로 가 물건을 팔았다. 그 대금으로 노예를 사서는 노예를 싣고 미국으로 이동하여 노예를 매각하였고, 그 돈으로 설탕과 면화 등을 구입하여 유럽으로 돌아왔다. 대서양을 사이에 둔 세 대륙 간의 이른바 삼각 무역이다.

영국의 노예 상인은 아프리카에서 겨우 2~3파운드를 주고 산 노예를 미국에서 25~30파운드에 팔아 큰 이익을 챙겼다. 16세기에서 19세 초까지 이어진 노예무역으로 서아프리카에서 미국으로 팔려간 노예의 총인원은 1,000만 명에서 2,000만 명에 달한다고 한다. 이 중 3분의 1이 1760년부터 1810년 50년 사이에 운송되었다.

기호품으로 연결된 세 대륙

차(茶)가 티(tea)가 되기까지

누구나 설탕의 달콤함을 사랑하였다. 그러나 설탕만 먹으며 살 수는 없는 일이니 설탕의 파트너를 찾아야 했다. 독일의 경제학자 좀바르트(1863~1941)는 『사치와 자본주의』(1913)에서 "설탕이 있었기 때문에 커피, 코코아, 홍차라는 흥분제가 유럽에서 널리 애용되었다"라며, 기호품과 설탕을 연관 지었다. 값비싼 가방과 시계 등에 대한 기호와 설탕, 홍차, 커피에 대한 기호는 서로 통하는 부분이 있다. 홍차와 커피, 그리고 설탕이 인기를 끈 것은 신분과 지위를 과시하는 상징이었기 때문인데, 허영심이라는 인간의 기본적인 욕망이 기반이 된 것이다.

18세기가 되면 영국에 중국산 홍차가 대규모로 수입되어 설탕과 인연을 맺었다. 홍차는 평범한 서민도 즐기는 영국의 국민적 음료가 되었다. 참고로 각 나라에서 차를 부르는 호칭을 알아보면 차(cha) 계열과 테(tay) 계열 두 가지로 나눌 수 있다. 전자는 광둥어에서, 후자는 푸젠어에서 왔다. 광둥과 푸젠은 둘 다 해외무역의 거점이었지만, 원나라 때에는 푸젠의 취안저우(泉州, 서양에는 자이툰으로 알려짐)가, 당·송·명·청나라 시대에는 광저우(廣州, 광둥)가 중심 무역항이었다.

광둥어인 차(cha)를 사용하는 지역을 보면 인도(cāy), 이란(chāy), 아랍(shāy), 터키(cay) 등 전통적으로 바닷길을 따라 이어진 지역이다. 물론 티베트(ja), 러시아(chai)처럼 내륙에 위치한 지역도 있다.

반면 푸젠어인 테(tay)를 사용하는 곳은 원나라 때 완성된 거대 교역망의 거점 취안저우와 17세기에 타이완에 진출한 네덜란드와 연관이 있다. 인도네시아(te)와 스리랑카(thea)가 대표적이며, 유럽의 경우는 네덜란드(thee)를 통해 전해진 프랑스(the)와 영국(tea) 등이 있다.

네덜란드인이 중국의 차를 유럽에 전파하기 시작한 것은 1610년 무렵의 일이다. 그 시절의 차는 건망증 치료제나 감기약 정도로 여겨졌고, 수요는 한정적이었다. 당시 유럽에 수입된 차는 우롱차와 무이차, 녹차, 천태차 등이었다.

18세기 영국에서는 홍차가 큰 인기를 끌었다. 홍차는 완전 발효차로, 반만 발효한 우롱차를 즐기던 중국에서는 찌꺼기로 취급한 것이었다. 홍차를 주로 수입한 이유가 값이 싸서였다는 말이 있는데,

진한 홍차가 유럽의 육식 문화에 맞았기 때문이라는 설도 있다. 참고로 홍차는 우롱차 등을 발효시켜 찻잎이 검은색을 띠기 때문에 중국에서는 흑차(黑茶)라고 불렀다. 영어로 홍차를 블랙티라고 부르는 것은 이 때문이다.

영국인이 홍차를 좋아한 이유

명예혁명(1688~1689) 이후, 네덜란드로 시집을 간 메리 2세(1662~1694)가 남편 오렌지공 윌리엄 3세와 함께 영국 왕으로 추대되어 귀국하면서 네덜란드로부터 홍차와 도자기가 들어왔다. 이어서 즉위한 앤 여왕(1665~1714)은 네덜란드의 모닝 티 문화를 영국에 널리 알렸다. 영국에서는 차를 두고 마약처럼 중독될 것이라는 의견과 여러 질병에 효과가 있는 좋은 것이라는 의견이 교차되었지만, 차를 마시는 습관은 계속 퍼져 나갔다. 하지만 차에는 고액의 소비세가 부과되었기 때문에 17세기 말의 경우 차 수입량은 연간 35톤에서 45톤 정도의 소량에 그쳤다.

18세기의 대청 무역은 영국 동인도회사가 독점했다. 교역의 대부분은 차였고, 차를 마시는 문화는 빠르게 대중화되었다. 18세기 초에 동인도회사가 사들인 차의 6분의 5는 녹차였지만, 1740년대가 되자 홍차의 수입이 급증했다. 1680년부터 1740년 사이에 홍차의 가격은 8분의 1로 떨어졌고, 때마침 대중화된 설탕과 인연을 맺게 된다. 동인도회사의 차 수입량은 1720년대의 연간 4,000톤에서 1750년대면 연간 1만 6,000톤으로 급증했고, 홍차는 다양한 계층이 소비하는 국민 음료가 되었다. 서인도제도의 설탕과 중국의 홍차가 영국의 식문화를 바꾼 것이다. 참고로 영국에서 가장 오랜 역사를 지닌 홍차 브랜드 트와이닝(Twining)을 설립한 토머스 트와이닝(Thomas Twining)이 커피 하우스를 연 것이 1706년이다. 트와이닝사에는 1710년대에 차를 산 900여 명의 고객 리스트가 아직 남아 있다.

18세기에는 산업혁명이 본격적으로 진행되면서 가난한 노동자를 겨냥한 싸구려 홍차도 대량으로 시장에 나왔다. 진품 홍차에 혼합물을 넣는 식으로 만든 것인데, 진짜 찻잎은 70%밖에 되지 않은 질 낮은 차였다. 차에 혼합물을 섞는 풍조에서 명성을 더럽힌다는 의미의 스머치(smirch)라는 신조어가 나올 정도였다. 오후 3~5시경 차와 간식을 즐기는 애프터눈 티(afternoon tea) 문화가 생긴 1840년대에는 다 마신 홍차를 착색하여 새 차와 섞어 파는 행위도 성행했다. 찻잎을 재탕한 명백한 불량품이었지만, 연간 3만 6,000톤에 달하는 찻잎이 재사용되었다고 한다.

미국이 홍차를 싫어하게 된 이유

유럽에서 홍차를 마시는 문화가 퍼지자 유일한 홍차 수출국인 중국의 차 수출량이 단번에 증가했다. 재정난을 겪고 있던 영국 정부는 홍차에 200%에 달하는 무거운 세금을 부과해 문제를 해결하고자 했다.

영국의 식민지 미국에도 영국의 영향으로 차를 마시는 문화가 있었는데, 세금 때문에 홍차값이 비싸지자 정식 수입된 차를 외면하기 시작했다. 보스턴 항에서는 밀수된 홍차가 총 거래량의 4분의 3을 차지할 정도였다. 한편 영국은 프렌치 인디언 전쟁(1755~1763)에서 승리하며 북아메리카에서 프랑스를 몰아내는 데 성공했지만, 전쟁으로 인해 재정 상태가 더욱 악화되었다. 이 문제를 해결하고 식민지 주둔군의 경비를 충당하려면 추가 과세가 불가피했다.

이에 따라 영국을 거쳐 미국으로 재수출되는 차에 붙던 관세를 폐지하고, 영국 외의 다른 지역에서 식민지로 수입되는 홍차의 과세를 강화했다. 그 결과 식민지에서 일시적으로 영국산 홍차가 우위에 서게 되었다. 그러나 식민지 상인들이 세금이 들지 않는 홍차 밀수에 몰두하게 되자 영국 본토에서 수입되는 차의 양이 확연히 줄었다.

1773년 영국 정부는 판매 부진으로 대량의 홍차 재고를 떠안게 된 동인도회사를 구제하기 위해서 새로운 법을 제정하여 런던의 시세보다 훨씬 싼 가격에 재고품을 식민지에 떠넘겼다. 손해를 무릅쓰고 싼값에 물건을 팔아치우는 전형적인 투매였다. 식민지에는 홍차가 그야말로 남아돌게 되었다. 위기를 느낀 밀매상을 중심으로 동인도회사의 배에 실린 차 상자를 육지로 내리는 것을 막아야 한다는 운동이 보스턴 항을 중심으로 퍼져 나갔다. 새뮤얼 애덤스

보스턴 차 사건을 그린 석판화 (1846년 작)

(1722~1803) 등이 조직한 정치 결사 '자유의 아들들(Sons of Liberty)'이 운동의 중심에 섰다.

1773년 12월, 홍차를 가득 실은 동인도회사의 함선 3척이 거센 바람 때문에 목적지인 뉴욕이 아닌, 밀무역의 중심지 보스턴에 입항하게 되었다. 영국 정부의 명백한 도전이었다. 그날 인디언으로 변장한 약 90명의 급진파가 정박 중이던 동인도회사의 배에 숨어들어 "보스턴 항을 티포트로 만들자"라고 외치면서 342개의 홍차 상자를 바다로 던지는 보스턴 차 사건(Boston Tea Party)이 발생했다.

이후 찰스턴과 필라델피아 등지에서도 비슷한 사건이 연이어 발생했다. 영국은 최선을 다해서 대항했다. 보스턴 항의 폐쇄, 영국 정규군의 매사추세츠 식민지 직접 통치 등 강경책이 쏟아졌다. 식민지

측도 가만히 있지 않았다. 1775년, 영국군이 콩코드시에서 식민지 민병대의 무기 창고를 적발한 것을 계기로 영국군과 민병대 사이의 첫 무력 충돌이 렉싱턴에서 발생했다. 미국 독립 전쟁(1775~1783)의 발발이다. 그리고 우여곡절 끝에 식민지 미국은 프랑스의 지원을 받아 간신히 독립에 성공한다. 한편 프랑스는 무리한 지원 때문에 재정이 바닥나게 되고, 이로 인해 1789년에 프랑스 혁명이 이어지게 된다. 미국의 독립 전쟁과 프랑스 혁명은 근대 시민 사회 형성의 계기가 되는 중대한 사건인데, 그 원인이 홍차에 대한 과세 문제에서 비롯했다는 점은 음식의 중요성을 상기시킨다.

서구화된 이슬람의 기호품 커피

영국 문화권에는 홍차가 사랑받았지만 보다 대중화된 기호품은 사실 커피였다. 커피를 마시는 습관은 17세기에 이슬람 세계로부터 유럽으로 들어왔고, 런던 등 주요 도시에는 커피 하우스가 줄지어 늘어섰다. 17세기 후반에는 런던에 있는 커피 하우스만 3,000개가 넘을 정도였다. 그러나 커피콩은 이슬람 상인이 아라비아반도 남부에 위치한 예멘의 모카 항에서 독점 판매하고 있었다. 그들은 막대한 이익을 가져다주는 커피가 해외에 퍼지는 것을 경계하여, 발아가 가능한 종자나 모종의 반출을 엄격히 금지하고 볶은 커피콩만을 수출했다.

이해타산이 빨랐던 네덜란드인은 커피의 상품 가치를 눈여겨보았다. 커피가 본래 아열대산이라는 것을 이용해 자국의 식민지에서 생산하고자 했다. 그러려면 어떻게 해서든 커피 생두를 모카 항으로부터 가지고 나와야 했다. 각고의 노력 끝에 커피 생두 반입에 성공한 네덜란드인은 1658년에 스리랑카 실론섬, 1696년에 인도네시아 자바섬에서 커피 재배를 시작했다. 그러나 홍수와 지진이 잇달아 최초의 재배 시도는 허무하게 실패로 끝나버렸다.

하지만 설탕의 대중화로 커피에 대한 수요는 계속 증가하고 있었다. 커피 재배만 성공하면 막대한 이익이 가능했다. 그리하여 18세기에 네덜란드인은 자바섬에서 다시 커피 재배에 나섰고, 이번에는 성공했다. 그러나 풍토가 다른 지역에 작물을 옮겨와 키우는 것이 쉬운 일은 아니다. 19세기 후반에 잎에 곰팡이가 생기는 커피 녹병(Coffee leaf Rust)이 발생하여 실론과 자바의 커피가 전멸해 버렸다. 아시아의 식민지에서 커피를 재배하여 유럽으로 수출하려고 했던 네덜란드의 계획은 수포로 돌아갔다.

1706년 네덜란드 암스테르담의 식물원에 자바섬에서 들여온 100그루 이상의 커피 묘목이 심어졌다. 일종의 새로운 식민지를 개척하고자 한 것이다. 1714년에는 암스테르담 시장이 묘목 중 일부를 프랑스의 루이 14세에게 선물했는데, 왕으로부터 묘목을 얻은 한 해군 장교가 카리브해의 프랑스령 마르티니크섬에 이를 옮겨다 심었다. 이 커피나무는 새 땅에서 적응을 매우 잘했고, 무성하게 번식하였다. 1728년에는 마르티니크섬의 묘목을 자메이카로 옮겨 심었고, 이곳에서 유명한 블루 마운틴(Blue Mountain) 커피가 탄생하게 되었다.

네덜란드도 이에 질세라 암스테르담 식물원에 있던 커피 묘목을 1718년에 네덜란드령 가이아나, 1727년에 브라질의 파라로 옮겨 심었다. 이후 브라질에서는 남부의 리우데자네이루 주변에 커피 농장이 많이 생겨났고, 1808년 이후 세계 최대의 커피 산지로 부상했다. 오늘날 브라질은 세계 커피의 4분의 1에서 3분의 1을 산출하는 커피 대국이다.

이슬람 세계에서 독점하던 커피가 설탕의 주산지이기도 한 브라질과 서인도제도에서 대량으로 재배되자, 유럽의 수요는 충족되었다. 오늘날에도 브라질과 콜롬비아를 중심으로 한 남아메리카에서 전 세계에서 소비되는 커피의 대부분을 생산하고 있으며, 아프리카와 중앙아메리카가 그 뒤를 잇는다. 이슬람 세계의 커피가 18세기 유럽인의 손으로 신대륙에서 대량으로 생산되며 유럽을 대표하는 기호품이 된 것이다.

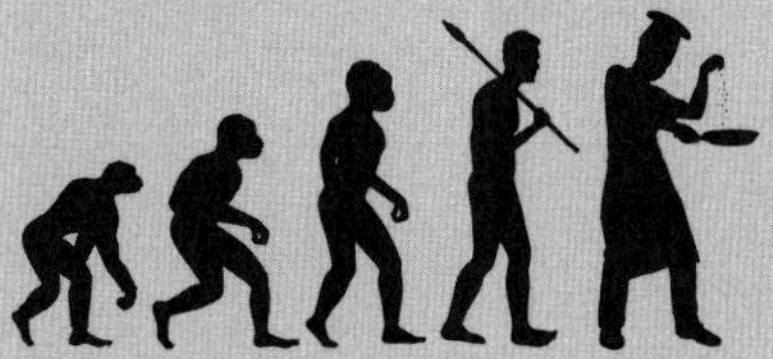

7장

도시를 지탱하는 가공식품

공장이 들어선 도시에서는 식량을 자급할 수 없었기 때문에 방대한 인구를 부양하기 위한 새로운 시스템이 필요했다. 이에 따라 식품 보존 기술이 개발되고 음식의 가공화를 추구하는 것이 새로운 추세가 되었다. 전 세계에서 온 식자재를 가공해서 만든 상품이 식탁에 놓이는 시대가 된 것이다.

식품 가공업의
등장

도시의 활기찬 발소리

18세기, 영국에서 시작된 산업혁명과 프랑스 혁명(1789)을 비롯한 시민혁명은 이중혁명으로 불리며 정치 경제적으로 인류 사회의 면모를 크게 바꾼 일대 사건이었다. 혁명으로 인한 혼란을 딛고 더욱 강해진 유럽은 19세기부터 20세기 전반에 걸쳐 전 세계적인 규모로 새로운 사회 체계를 만들어나갔다.

산업혁명이 초래한 변화는 상당하였다. 식품을 포함해서 공장에서 대량 생산한 제품들로 일상생활이 채워졌다. 생산의 터전으로 다시 태어나게 된 도시의 인구가 급증하였고, 도시에 사는 부유층의 힘은 전례 없이 강해졌다. 국민 국가를 지향하는 사회 체제가 갖추어졌고, 이는 전 세계가 따르는 새로운 기준이 되었다.

한편 철도와 증기선으로 연결된 망이 전 세계를 아우르게 되었고, 유럽은 압도적인 무기를 앞세워 아시아와 아프리카로의 진출을 본격화했다. 세계 각지로 이주한 유럽인은 그들이 주도하는 새로운 세상을 이끌게 되었다. 전 세계가 유럽을 중심으로 재정비되었고, 유럽의 생활양식이 그대로 세계의 생활양식이 되었다. 식문화에 있어서도 유럽은 세계 각지의 식자재를 들여와 산업화된 도시 생활에 맞는 양식으로의 변화를 주도하였다.

19세기 후반에는 전 세계를 대상으로 철도와 증기선을 이용한 대량 운송이 가능해졌고, 냉장선이 개발되는 한편, 저온 살균 방식으로 식품을 가공하거나 통조림을 제조하는 산업이 성장하였다. 북미의 프레리(Prairie)와 남미의 팜파스(Pampas) 같은 초원 지대에서 생산된 값싼 곡물과 고기가 증기선과 냉장선을 타고 대량으로 유럽에 들어왔다. 유럽의 식탁은 아메리카와 오스트레일리아라는 식량 창고에서 들여온 식자재로 넘쳐나게 되었다. 생활필수품뿐만 아니라 고급 식자재도 연이어 개발되어 부유층 사이에서는 미식이 유행하게 되었다.

한편 유럽에서는 도시가 무서운 기세로 확장되어 1900년에는 인구 100만이 넘는 대도시가 9개가 넘게 되었다. 주로 공장이 들어선 도시에서는 식량을 자급할 수 없었기 때문에 방대한 인구를 부양하기 위한 새로운 시스템이 필요했다. 이에 따라 식품 보존 기술이 개발되고 음식의 가공화를 추구하는 것이 새로운 추세가 되었다. 전세계에서 온 식자재를 가공해서 만든 상품이 식탁에 놓이는 시대가 된 것이다. 가공식품의 증가는 사람의 입맛까지 바꿔놓았고, 식품첨가물은 식품의 일부가 되었다. '음식의 제3차 혁명'이 아닐 수 없다. 한편 이윤만 추구하는 식품업자가 조악하게 만든 불량 식품이 등장하는 등 새로운 사회 문제가 대두되었다.

레스토랑이 된 수프

유럽에서는 미식이 유행하였고, 도시의 번화가에 자리한 레스토랑에는 연일 손님이 끊이지 않는 등 활기가 넘쳤다. 레스토랑이 등장한 것은 도시화가 급속하게 진행된 18세기 말 이후의 현상이다. 도시의 성장과 함께 도시의 거주민이 돈을 내고 음식점에 가서 요리를 주문해 먹는 모습이 낯설지 않게 된 것이다.

유럽에서는 음식점의 기원을 여관에서 찾는데, 원래 숙박 시설의 일부였다는 것이다. 숙박과 음식점을 겸하는 형태의 여관은 4세기 이후에 출현한 것으로, 군대의 주둔지를 의미하는 게르만 고어인 헤르베르게(herberge)에서 파생한 오베르쥬(auberge)라고 불리었다. 13세기에 도시가 성장하자, 음식과 술을 전문적으로 파는 곳이 등장하였다. 네덜란드어로 방을 의미하는 카브렛(cabret)에서 유래한 카바레(cabaret)이다.

산업혁명 이후에 도시가 폭발적으로 성장하자 부르주아 자본가에게 볼거리를 제공하는 대형 술집이 생겨났는데 중세의 술집과 마찬가지로 카바레라고 불렸다. 이름은 같아도, 그 내용은 딴판이었다. 반면 대중이 찾는 술집은 비스트로(bistro)라고 불렸다. 한편 영국에서는 중세에 에일하우스(alehouse), 근대 이후에 퍼블릭 하우스(public house)라고 부르는 술집이 등장했다. 오늘날에는 퍼블릭 하우스를 줄여서 펍(pub)이라고 부른다.

레스토랑은 프랑스 혁명이 일어나기 약 30년 전쯤 생긴 것인데, 그때까지는 제대로 된 레스토랑 없이 외식이 가능한 여관이나 술집 등이 있을 뿐이었다. 1765년, 파리에 사는 블랑자라는 요리사가 소고기, 양고기, 거세된 닭, 비둘기 새끼, 메추라기, 양파, 무, 당근 등이 들어간 수프를 만들어, 원기를 회복시켜준다는 뜻의 레스토랑(restaurant)이란 이름을 붙여 팔았다. 그의 수프는 금세 폭발적인 인기를 끌었고, 여기서 레스토랑이라는 음식만을 전문적으로 파는 식당의 명칭이 생기게 되었다. 1786년에는 요리와 음료를 제공하는 가게를 레스토랑이라고 부를 것을 정한 법이 제정되기에 이른다.

브리야사바랭은 요리에 하나하나 가격을 매기고, 손님의 주문에 따라 요리가 나오는 가게를 레스토랑이라고 정의했다. 레스토랑은 기존의 여관이나 술집과는 다르게 안락하고 호화스러운 실내에서 차분하게 식사를 할 수 있었기 때문에 도시의 부유층을 고객으로 사로잡았다.

프랑스 혁명으로 국왕 루이 16세가 처형되고 귀족들이 특권을 빼앗기자 국왕과 귀족이 고용했던 수많은 요리사가 직업을 잃게 되었다. 그들은 각지에서 레스토랑을 열었고, 혁명 후에 급부상한 도시의 부유층을 고객으로 삼아 대성공했다. 혁명 전에 50개 이하였던 파리의 레스토랑은 40년 후인 1827년이면 약 3,000개로 늘었고 매일 6만 명이나 되는 파리 시민의 식사를 책임지게 되었다.

프랑스 요리는 17세기 중반 이후 궁정 요리를 중심으로 발전했고, 18세기 중반 무렵에는 오트 퀴진(haute cuisine)이라고 불리는 세련된 맛을 확립하였다. 식자재, 요리법, 식사 예절 등이 정돈되고, 프랑스 요리의 원형이 만들어진 것이다. 그중에서도 프랑스 요리의 우수성이라고 하면 숙성된 소스를 들 수 있다. 소스의 풍성한 맛이 서민들 사이로 빠르게 퍼졌다.

마리 앙투안 카렘
(Marie-Antoine Carême,1783~1833)

요리사가 쓰는 독특하게 생긴 흰색 모자는 당대의 유명 요리사인 마리 앙투안 카렘(1783~1833)이 고객이 쓴 하얀 모자를 보고 흉내 내서 쓰기 시작했는데, 이것이 요리사 사이에서 유행해서 정착된 것이라고 한다. 직업인으로서 요리사의 스타일이 완성된 것이다.

19세기 초에는 파리에만 500개 이상의 레스토랑이 성황리에 영업을 하였다. 그리고 이 시기에 각각의 요리를 한 접시씩 손님에게 순서대로 서빙하는 러시아식 코스 요리가 보급된다. 본래 서유럽에서는 큰 접시에 음식을 가득 담아 알아서 가져다 먹는 식이었는데, 러시아는 날이 추워 음식이 급속도로 식어 이와 같은 방식을 고안하게 된 것이라고 한다.

한편 후일 프랑스 요리의 기초를 확립한 요리사로 추앙받는 카렘이 성공하게 된 것은 고기구이 가게에서 일하고 있을 때 그를 눈여겨본 외교관 탈레랑이 발탁하면서부터라고 한다. 이후 승승장구하여 영국 왕실과 러시아 왕실의 요리장을 역임한 뒤에 유대인 재력가 로스차일드의 요리사가 된다. 식문화가 발달하면서 감각 있는 요리사가 인정을 받고, 그 요리사들이 미식의 체계를 정비하는 시대가 열린 것이다.

멈춰진
부패

식량 보존의 혁명가, 아페르

도시가 많은 사람으로 북적거리게 되자 대량의 식자재가 필요해졌다. 더불어 식품의 부패를 막는 것이 새로운 과제로 부상했다. 이 문제가 특히 심각했던 곳이 병사들의 전투 식량을 안정적으로 조달해야 했던 군대였다. 냉장 기술이 없던 당시에는 오직 건조, 염장, 훈제 등의 방법으로 음식을 저장해야 했다. 하지만 나폴레옹은 군대의 사기를 고무시키기 위해서 영양이 풍부하고 신선한 식품을 대량으로 제공할 필요가 있다고 생각했다. 19세기는 민족주의란 미명하에 국민 국가 간의 각축전이 반복되던 시대였고, 특히 프랑스는 징병제를 실시해 군인의 수가 많았다. 도시에 신선한 식품을 제공하기 위해 개발한 기술은 수많은 군인을 거느리기 위한 요구에 응답하며 진화하였다.

니콜라 아페르(Nicolas Appert)의 1841년 초상화

나폴레옹의 요청을 받은 프랑스의 총재 정부는 식량을 장기간 보존할 수 있는 아이디어에 1만 2,000프랑이라는 상금을 내걸고 모집했다. 당시의 입선자가 맥주 제조업자 출신의 과자 상인인 니콜라 아페르(1750~1841)였다.

1804년, 그는 시행착오 끝에 유리병에 가열한 식품을 넣고 코르크 마개로 밀봉한 후, 100도로 끓는 물에 담가 30분에서 60분 동안 가열하여 살균하는 방식의 병조림을 고안했다. 아페르는 부패의 원인이 공기에 있다고 생각했고, 공기를 빼면 식품을 장기 보존할 수 있을 것으로 생각했다. 그의 생각대로 밀봉된 병조림은 해군 함정에 실려 130일간 상하지 않은 채 항해를 마쳤고, 아페르는 상금 1만 2,000프랑을 거머쥘 수 있었다. 당시 신문에는 "아페르 씨가 계절을 보존하는 방법을 발견했다. 그는 병 속에 봄과 여름, 가을을 담았다"라는 기사가 실렸다.

아페르는 이후에도 식품 보존 기술에 대한 연구를 계속하여 1822년에는 프랑스 정부로부터 '인류의 은인'이라는 칭호를 받기에 이르렀다. 사회적 사명감에 불타오른 아페르는 상금을 모두 새로운 연구에 쏟아부었을 뿐만 아니라 기술에 대한 특허도 신청하지 않았다. 그가 고안한 고온 살균법은 그의 이름을 따서 아페르티자시옹(appertisation)이라고 불리게 되었으며, 식문화에 다양한 가능성을 열어주었다.

아페르의 연구는 식자재를 고온으로 처리하면 부패를 막을 수 있다는 것을 확실히 증명했다. 그러나 당시의 기술로는 유리병이 깨질 가능성 때문에 중탕냄비를 사용할 수밖에 없었고, 끓는점도 100도 이상으로 올리지 못했다. 아페르가 91세로 세상을 뜬 이후에도 그의 일가는 통조림 기술 개량을 위한 노력을 계속하였고, 1845년에 니콜라 아페르의 조카인 슈발리에 아페르가 100도 이상으로 가열이 가능한 용기인 오토클레이브(autoclave)를 발명했다. 그 결과 기술은 더욱 진보하였고, 19세기 식품 가공 분야에서 병조림, 나아가 통조림은 챔피언이 되었다.

깨지지 않는 통조림

프랑스의 맞수 영국도 쉽게 깨지는 병조림의 단점을 개선한 식품 보존 기술 연구에 박차를 가했다. 1810년 홍차 깡통을 보고 힌트를 얻어, 영국의 기계공 피터 듀란드가 주석 깡통을 이용한 통조림을 만들었다. 그는 이 새로운 방법에 특허를 내어 사업을 시작했다.

당시의 통조림은 주석 도금을 하여 부식을 막은 깡통에 가열한 식자재를 넣어 밀봉한 것이다. 증기를 넣으면서 음식을 집어넣고 뚜껑을 납땜으로 단단히 밀폐하면, 냉각 후에는 통의 내부가 진공 상태가 되어 부식을 막을 수 있었다. 이후 듀란드는 살균용 열탕기에 염화칼슘을 넣어 온도가 섭씨 100도를 넘도록 만들어 가열 효율을 증진시켰다.

1812년에는 세계 최초로 브라이언 도킨에 의해 통조림 공장이 세워졌으며, 영국에서 크게 사업을 벌였다. 한편 그 당시 통조림에는 따개가 달려 있지 않아 여는 데 애를 먹었다고 한다. 통조림 겉면에 "끌과 도끼로 열어주세요"라는 문구가 쓰여 있을 정도였다. 편하게 통조림을 따서 먹는 시대는 아직 먼 미래였다. 미영전쟁(1812~1814)이 발발하자 영국군은 멀리 떨어진 미국의 전지에 통조림을 들고 가 그 유용성을 증명하였다. 이후 통조림이 급속도로 보급된 것은 당연한 일이었다.

깡통 따개라는 위대한 도구

미국에서는 남북전쟁(1861~1865) 시기에 북군 병사의 전투 식량으로 통조림이 대량으로 사용되었다. 통조림이 북군의 승리에 일조

했다고 해도 과언이 아닐 정도였다. 그즈음 미국에서는 한 해에 약 4,000만 개 정도의 통조림이 생산되고 있었다. 남북전쟁에서 유용성을 인정받은 통조림의 소비량이 급증했던 것이다. 그러나 단단히 밀봉된 통조림을 쉽게 열 수 없는 게 문제였다. 군인들은 통조림을 열기 위해 끝이 뾰족한 총검으로 있는 힘껏 쑤셔서 구멍을 내든가, 군용 나이프로 자르기 위해 애를 썼다. 깡통 따개라는 새로운 도구의 개발이 절실히 요구되었다.

물건이 실용화되려면 일단 사용하기가 편리해야 한다. 통조림이 일상적으로 식탁에 오르기 위해서는 손쉽게 열 방법을 개발해야 했다. 1870년, 마침내 미국의 윌리엄 라이먼이 깡통 테두리를 꾹 눌러가며 돌려 따는 따개를 발명하였다. 이후 국토가 넓어 식량을 미리 쟁여두고 생활해야 하는 미국에서 통조림의 인기가 치솟은 것은 두말할 필요가 없다.

20세기 들어 미국은 세계 최대의 통조림 생산국이 되었고, 1935년 이후 40년간 약 775억 개의 통조림이 제조되었다. 병조림과 통조림은 그렇게 초창기 식품 산업을 성장하게 한 스타가 되었다.

도시에서도 우유를 마실 수 있는 시대

산업혁명 이래, 도시로 몰려든 수많은 사람을 먹일 신선한 식품을 확보하는 것은 국가가 직면한 큰 과제였다. 병조림과 통조림의 출현에서도 알 수 있듯이, 19세기는 식품 보존 기술이 비약적으로 발전한 시대였다.

생선 절임이나 햄 같은 염장 식품, 식초에 담근 피클, 설탕으로 졸인 잼 등 전통적인 식품 보존 기술을 개량한 식품 산업이 발전을 거듭했고, 새로운 기술도 연이어 등장하였다. 19세기 전반에는 독일의 화학자 리비히(1803~1873)가 건조 보존식을 개발하였고, 1856년에는 미국의 식품 사업가 게일 보든이 농축 우유(condensed milk)를 발명했다. 1869년에는 프랑스의 화학자 메주 무리에가 버터의 대용품인 마가린을 발명했다. 전통 식품을 새로운 공업 기술로 창조한 대용 식품의 등장이었다.

우유는 인도와 유럽 일대에서 음료와 버터, 치즈 등의 가공품으로 널리 이용되었지만, 생우유만큼은 쉽게 상하는 성질 때문에 생산지 인근에서만 마실 수 있었다. 생우유를 도시에서 마실 수 있게 된 것은 19세기 후반 이후의 일이었다. 지금이야 당연하게 여기지만, 당시만 하더라도 목장에서 멀리 떨어진 도시에서 생우유를 마신다는 것은 매우 획기적인 발상이었다.

더 많은 지역에서 생우유를 마시려면 우유가 상하는 것을 막아야 했다. 이 기술을 개발하기 위해서는 부패의 과정이 먼저 밝혀져야 했다. 1861년, 프랑스의 의사이자 과학자인 루이 파스퇴르(1822~1895)가 S 자로 휘어진 백조목 플라스크를 만들어 고기 국물을 넣고 펄펄 끓인 결과 내용물이 썩지 않은 것을 확인했다. 공기 중의 미생물이 부패와 발효의 원인이라는 사실을 처음 밝혀낸 것이다. 아페르가 경험적으로 개발한 기술을 과학적으로 증명한 것이다. 그 결과 식품 보존 기술은 아페르가 썼던 공기를 빼는 진공 방식에서 미생물을 없애는 살균 방식으로 극적으로 변화했다. 통조림 제조 방법도 파스퇴르가 발견한 원리에 따라 다시 만들어졌다.

1880년에 파스퇴르는 아페르의 기술을 응용한 저온 살균법(pasteurize, 파스퇴라이즈)을 개발했다. 우유를 섭씨 60도로 30분간 가열하는 방식으로, 이제 도시에서도 신선한 우유를 쉽게 맛볼 수 있게 되었다.

세련된 도시 사람들은 밀크티를 마신다

19세기 중반 프랑스의 공학자 페르디낭 카레(1824~1900)는 식품의 장기 보존을 가능하게 할 냉장 방식 연구에 한창이었다. 그 결과 1859년에 열린 만국박람회에 액체 암모니아를 이용한 제빙기를 출품할 수 있었고, 호평을 받았다. 그를 비롯하여 냉장고를 만들려는 여러 발명가의 노력이 쌓여, 1878년에는 아르헨티나의 소고기를 냉장선을 이용해 유럽으로 대량 수송하는 것이 가능해진다. 먼 지역의 신선 식품을 대량으로 운송할 수 있게 되자, 유럽의 대도시는 아메리카 대륙이라는 식량 창고에 더욱 의지하게 되었다. 이는 소고기의 대중화를 의미하기도 했다. 아메리카 대륙의 광활한 목장에서 사육된

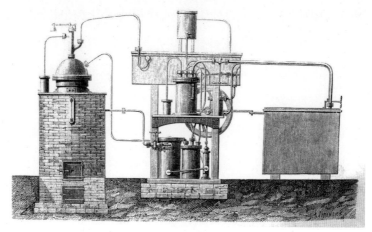

페르디낭 카레(Ferdinand Carré)의 제빙 장치

값싼 소고기가 유럽의 식탁에 일상적으로 오르게 된 것이다.

증기선과 마찬가지로 철도 역시 신선 식품의 광범위한 유통을 가능하게 했다. 프랑스에서는 나폴레옹 3세(재위 1852~1870)의 지휘 아래 철도 건설이 급속도로 진행되어, 철도의 총 연장 거리가 1845년에 888km였던 것이 1865년이면 1만 3,562km로 약 15배가 늘었다. 저온 살균 공법과 냉장 기술의 발전, 철도 운송이 연결되어 도시에 사는 주민은 얼마든지 신선 식품을 맛볼 수 있게 되었다. 싼 가격으로 마실 수 있게 된 신선한 우유는 이러한 발전의 상징이었다. 가까운 농촌 지역에서 마차로 옮기는 것 외에는 방법이 없던 시절에는 반경 4km에서 5km 사이의 근교로만 운송이 가능했지만, 철도를 이용하면 더 먼 지역까지 저온으로 살균된 신선한 우유를 대량으로 옮길 수 있었다. 이제 도시 사람들은 뜨거운 물로 끓인 커피나 홍차 외에도 영양가 높은 생우유를 마셨다. 혹은 커피나 홍차에 우유를 넣어 마시는 방식도 고안해 내었다. 설탕을 넣는 것보다 참신한 문화였다.

프랑스와 마찬가지로 영국과 독일에서도 19세기 말부터 20세기 초에, 우유를 건강 음료로 마시게 되었다. 20세기 초반 두 나라의 일인당 연간 우유 소비량은 100L에 가까울 정도가 되었다. 오늘날의 관점에서 보면 별것 아닌 일 같지만, 인류는 역사적으로 대부분의 기간 동안 자연에서 얻은 식재료를 그대로 먹거나 약간 가공해 먹는 정도였다. 그야말로 천지가 개벽할 변화가 아닐 수 없었다.

전진하는
음식의 세계화

세계화의 상징, 스키야키와 샤부샤부

19세기, 아시아에 유럽 세력이 진출하며 서양 고유의 식자재와 식문화도 함께 들어왔다. 일본은 1868년의 메이지 유신 이래 서구 문명을 적극적으로 받아들였다. 이 시기 일본인은 소고기를 즐기는 유럽인을 보며 큰 충격을 받았다. 일본은 552년에 불교가 전래된 이래로 소고기를 먹는 것을 금기시해 왔기 때문이다. 소고기를 먹는다는 것은 그 이질성 때문에라도 문명의 상징으로 여겨졌다.

소고기는 상류층의 식자재로 주목받았고, 무엇보다도 맛이 있었다. 일본과 서양의 식문화가 섞이면서 전골요리인 나베모노, 불고기인 야키니쿠 등 어느 나라 요리라고 정의하기 어려운 일본 특유의 소고기 요리가 탄생했다. 일종의 문화 융합으로 기존의 일본 요리에 소고기라는 새로운 식자재가 응용되어 나타난 요리들이었다.

1856년, 미국의 페리 제독이 이끄는 흑선이 일본을 개항하고 고베, 요코하마 등지에 외국인 거류 지역이 생겨났다. 외국인에 의해 자연스럽게 소고기에 대한 수요가 증가하였다. 일본인은 소를 해체하는 법을 몰랐기 때문에 초창기에는 외국의 함선 위에서 소를 해체했다고 한다. 1866년 이후에는 미타 지방에서 키운 소를 고베에서 처리하는 일이 많아졌는데, 이것이 유명한 고베 소의 유래이다.

1867년에는 도쿄에 나카가와라고 하는 우시나베를 파는 전골집이 개업하였다. 우시나베는 소고기를 파, 두부 등과 함께 납작한 냄비에서 끓이면서 먹는 요리로 진귀한 이미지 덕분에 관동 지방을 중심으로 금세 큰 인기를 끌었다. 관서 지방에서는 농가에서 낡은 쟁기 위에다 고기를 구운 데서 이름이 붙은 스키야키(스키는 쟁기를 뜻하고, 야키는 굽는 것을 뜻함-역주)가 유행했다. 우시나베와 스키야키는 문명과 개화를 상징하는 음식이 되었다.

한편 1963년에 아시아 최초로 미국 빌보드 차트 1위를 차지한 사카모토 큐의 〈스키야키〉란 노래가 있다. 원래는 '위를 보고 걷자'라는 평범한 제목이었는데, 미국에 소개되며 미국인에게도 친숙한 스키야키라는 요리 이름으로 제목을 바꿨다고 한다. 스키야키는 오늘날 일본을 대표하는 요리 중 하나가 되었다.

그러나 19세기 후반, 일본의 소고기는 매우 비쌌고, 초기의 스키야키는 당연히 고급 요리에 속했다. 그러다 1945년 이후 오스트레일리아, 뉴질랜드, 미국에서 소고기가 수입되면서 그 전과 비교해 소고기 소비량이 8배 이상 늘게 되었다. 스키야키와 샤부샤부로만 먹던 소고기를 이제 스테이크로도 먹게 되었다. 참고로 얇게 썬 소고기를 끓는 물에 살짝 담갔다가 소스를 찍어 먹는 샤부샤부는 베이징 요리 중 양고기를 넣어 먹는 휘궈(火鍋)가 변형된 것이다. 원래는 몽골 등 유목민이 중국에 들여온 요리라고 한다. 샤부샤부는 중앙아시아와 중국, 일본의 식문화가 섞인 세계화의 상징과도 같은 요리이다.

들소(野牛)와 육우(野牛)

19세기 후반 유럽의 급성장은 아메리카와 오스트레일리아 대륙을 개발한 덕분이었다. 야생의 자연은 지금까지 보지 못했던 규모와 속도로 파괴되어 유럽인을 위한 밭과 목장이 되었다.

1776년 독립 전쟁 끝에 영국으로부터 독립한 미국은 1803년에 나폴레옹 치하의 프랑스로부터 1,500만 달러라는 헐값에 루이지애나를 사서 영토를 늘렸다. 1에이커당 약 3센트밖에 되지 않는 돈이었다. 그 후에도 1819년 스페인에게서 플로리다를 구매, 1845년 맥시코령 텍사스의 병합, 1848년 멕시코 미국 전쟁으로 캘리포니아를 병합(형식적으로는 1,500만 달러로 구입)이 이어지며 대서양과 태평양을 잇는 대륙 국가가 되었다. 이런 식의 급격한 확장은 서부의 인구 밀도

'명백한 운명'을 단적으로 나타내는 그림. 미국을 의인화한 미스 컬럼비아는 여신과 같은 모습으로 공중에 떠 있고, 오른쪽(동쪽)에서부터 역마차와 기차가 들어오고, 왼쪽(서쪽)에서는 인디언들이 쫓겨나고 있다. 그림의 오른쪽 끝과 왼쪽 끝에 각각 대서양과 태평양 및 로키산맥이 보인다. 존 가스트(John Gast)가 1872년경에 그렸다.

를 1제곱마일(약 2.6㎢ 정도-역주)당 2명에서 6명에 지나지 않게 하였다. 이윽고 서부의 광활한 미개척지를 프런티어란 미명하에 개척하는 작업이 시작되었다. 그러나 서부는 빈 공간이 아니었다. 전통을 고수하며 사는 원주민과 버펄로 같은 야생 동물의 생활 터전이었다. 미국인은 이러한 사실은 외면한 채 '명백한 운명(Manifest Destiny)'을 부르짖으며 서부 개척을 강행했다.

알래스카와 하와이를 제외하고 미국 면적의 40%를 차지하는 서부의 초원 지대에는 4,000만 마리에서 6,000만 마리 정도로 추정되는 버펄로가 살고 있었다. 버펄로 한 무리가 보통 수만 마리로 이루어져 있다고 할 정도로 많은 수였다. 원주민들이 유럽 이민자에게서 말과 소총을 손에 넣어 매년 약 30만 마리씩 버펄로를 살육했다고는 하지만, 자연의 균형을 무너뜨릴 정도는 아니었다. 그런데 1830년 이후, 미국의 서부 진출과 개척이 본격화되자 식량으로 삼기 위해 연간 200만 마리의 버펄로가 살육되고 그 모피도 상품으로 거래되기 시작했다.

남북전쟁(1861~1865)이 한창이던 1862년에는 링컨이 서부를 아군으로 만들기 위해 공유지를 5년간 개간하는 이에게 160에이커(약 20만 평)에 달하는 토지를 무료로 주는 법을 제정했다. 등록비로 10달러만 징수한다는 내용의 자영농지법(Homestead Act)이었다. 이러한 정책 덕분에 남북전쟁이 끝나자 서부로의 인구 유입이 뚜렷한 기세로 증가했다. 1871년에는 가죽을 손쉽게 처리할 수 있는 방법이 발명되자 버펄로 모피에 대한 수요가 늘어 값이 비싸졌다. 그 결과 연간 약 300만 마리 이상의 버펄로가 살해되었다. 1873년에는 400만 마리 이상의 버펄로가 살해되었다고 추정된다. 1876년에는 동부로 운송할 모피를 쌓아둔 기지에 6만 장 이상의 버펄로 모피가 들판에 방치되어 악취를 풍겼다. 이러한 무분별한 남획의 결과 1870년대 말이면 대초원에서 버펄로의 모습은 사라진다. 버펄로는 서부 개척이란 이름 아래 파괴된 서부의 자연을 상징하는 동물이 되었다.

버펄로가 멸종한 평원에 진출한 이들은 유럽에서 육우를 들여온 목장주였다. 그들은 싸게 빌린 토지에서 수많은 육우를 사육했다. 불과 30년 만에 서부는 육우 방목지로 완벽하게 바뀌었다. 오늘날 서부의 평원에서는 약 8,000만 마리에서 1억 마리에 달하는 육우가 사육되고 있다.

세계를 풍요롭게 만든 아메리칸 비프

1869년 대륙 횡단 철도가 완성되고 식품의 장거리 운송을 가능하게 한 냉장 화물 열차가 개발되면서, 1870년대에는 미 서부의 소고기가 영국 등 유럽의 식탁으로 곧바로 배달되었다. 1880년대에 영국에서 수입한 소고기의 대부분이 미국 서부에서 가져온 것이었다고 한다. 영국인은 큰 이익을 얻을 수 있는 목축업에 투자를 계속하였고, 1880년대 중반에는 서부의 방목지 대부분이 영국 자본가의 손에 넘어가게 되었다. 오늘날에도 서부의 11개 주에서 약 3만 명의 목축업자가 110만 km^2에 달하는 공유지에서 육우를 사육하고 있다. 이 소들은 카우보이를 따라 철도역으로 이동하여 화물 열차에 실린 후 시카고로 운반되어 컨베이어벨트를 따라 가공되었다. 이러한 대량 생산 방식은 자동차 제조업에서나 볼 법한 것이었다.

육우의 사육이 궤도에 오르자, 영국 시장에서는 더욱 부드러운 지방 함유량이 많은 육우를 찾게 되었다. 그러자 서부의 방목지에서 1, 2년간 사육한 소를 중서부에 위치한 비육장으로 운송하여 콘벨트

(미국 중부의 대규모 사료용 옥수수 생산지-역주)에서 재배한 옥수수를 먹여 육질이 부드러운 소로 키우는 방법이 탄생했다. 이 방식은 제2차 세계대전 이후 본격화되었고, 현재 대부분의 소가 이렇게 사육되고 있다. 제2차 세계대전 이전에는 불과 5%에 지나지 않았던 방법인데 말이다. 인간이 미식을 좇으면서 소고기도 끝없이 사치스러워졌다.

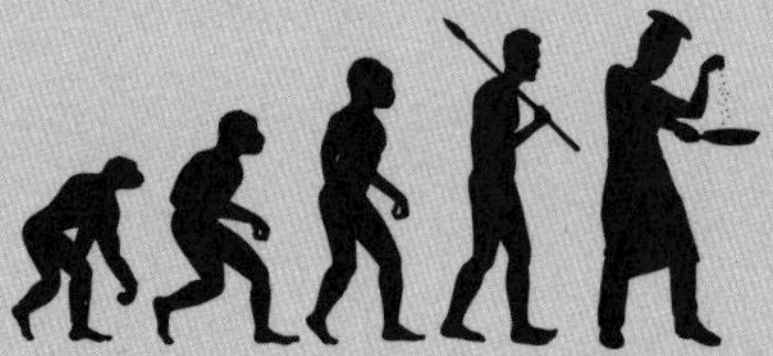

8장

콜드 체인과
세계화

1920년대 대량 생산과 대량 소비라는 미국이 주도한 대중문화는 20세기 후반이 되면 전 세계로 퍼졌고, 인류의 식생활도 크게 바뀌었다. 그중에서도 가장 큰 변화는 1960년대에 급속도로 진행된 콜드 체인(cold chain, 저온 유통 기구)의 형성이었다. 냉동 기술의 진보로 거의 모든 재료가 1년 넘게 보존할 수 있게 되자, 신선한 채로 냉동된 식자재가 전 세계로 손쉽게 옮겨져 각 가정의 냉장고로 안착하는 시스템이 만들어진 것이다.

미국이 주도한
냉동식품의 시대

냉동식품을 사랑하는 시대

1920년대 대량 생산과 대량 소비라는 미국이 주도한 대중문화
는 20세기 후반이 되면 전 세계로 퍼졌고, 인류의 식생활도 크게 바
뀌었다. 그중에서도 가장 큰 변화는 1960년대에 급속도로 진행된
콜드 체인(cold chain, 저온 유통 기구)의 형성이었다. 냉동 기술의 진보로
거의 모든 재료가 1년 넘게 보존할 수 있게 되자, 신선한 채로 냉동
된 식자재가 전 세계로 손쉽게 옮겨져 각 가정의 냉장고로 안착하는
시스템이 만들어진 것이다. 그 결과 식품과 관련한 제철 감각이 둔해
졌다. 그 대신 포식의 시대에 걸맞게 음식이 넘쳐나는 시대가 찾아왔
다. 자연은 후퇴하고, 인공적인 음식 환경이 갖춰졌다. 전 지구를 아

우르는 콜드 체인의 출현은 '음식의 제4차 혁명'이라고 할 정도로 엄청난 변화였다. 콜드 체인은 전 세계 모든 식자재를 첨단 기술로 운송하는 거대 시스템인 것이다.

TV의 보급, 정보 통신 기술의 진보는 음식 정보의 교환을 세계적 규모로 가능하게 했으며 경제의 세계화를 부추겼다. 식생활에 있어 정보 혁명으로 인한 변화는 상당했다. 음식의 브랜드화, 세계화가 진행되었고 모두가 알 만한 세계적인 요리가 속속 등장했다. 식품 가공 기술도 다면적으로 발달하여 인스턴트 라면으로 대표되는 인스턴트 식품, 레토르트 식품, 통조림, 병조림, 진공 팩에 든 신선한 식자재 등이 슈퍼마켓 진열대에 쌓였다.

냉동 기술의 개발사에는 세 가지 전환점이 있다. 우선 냉장 기술이 개발된 것 자체를 들 수 있다. 냉장 기술이 상업적으로 쓰이게 된 것은 1842년의 일이며, 제빙 기술은 19세기 후반에 등장했다. 하지만 초창기의 제빙기는 음식을 서서히 얼렸기 때문에 냉동 과정에서 식품의 수분이 빠져나와 세포막을 파괴하여 맛이 없어지는 현상을 막지 못했다. 이러한 결점을 극복하기 위해서는 급속 냉동 기술을 추가로 개발해야 했는데, 1923년 미국의 클래런스 버즈아이(1886~1956)가 기술 개발에 성공했다. 급속 냉동 기술을 개발한 것이 바로 두 번째 전환점이다.

대학에서 생물학을 전공하고 미국 농무부의 직원이 된 버즈아이는 생물 표본을 수집하려 알래스카로 출장을 갔다가 에스키모가 영

클래런스 버즈아이
(Clarence Birdseye, 1886~1956)

하 40도의 바깥에서 얼려서 보관
했다는 생선을 맛보게 되었다. 생
선은 꽤 오래된 것이었는데 갓 잡
은 것과 비슷한 맛이 났다. 버즈아
이는 이 경험을 통해 식품을 급속
도로 얼리면 해동 후에도 맛이 변
하지 않는다는 결론을 내었고, 급
속 냉동 기술을 연구하여 성공하
게 되었다. 기술 개발에 성공한 뒤
에는 특허를 내고 냉동식품 회사

를 설립해 경영에 힘썼다. 1923년 뉴욕에서 시작한 회사는 1924년
에 보스턴 근처 글로스터에 생선 냉동 회사를 열게 되었고, 이어서
과일, 채소까지 다루며 확장되었다. 1928년에는 연간 500톤의 냉동
식품을 제조하는 회사로 성장했고, 1929년에 제너럴 푸드사(General
Foods Corporation)에 매각되어 세계 최대의 식품 회사가 되었다.

일단은 차갑게 저장하자

1930년대 제너럴 푸드사는 버즈아이 냉동식품(BirdsEye Frozen
Food Co.)을 설립하여 세계 최초로 종이 상자에 넣은 냉동식품을 개
발하여 판매하였다. 냉동식품이 인스턴트 음식으로 탄생한 순간이

다. 창업자 버즈아이는 상품 개발에서부터 냉동 기계의 개량까지 다양한 분야에 손을 댔고 냉동식품의 보급에 힘썼다. 그러나 아직 가정용 냉장고가 충분히 보급되지 않았기 때문에 냉동식품은 기업용이나 단체 급식 용도로 주로 쓰였다. 가정용 냉장고는 1913년에 미국에서 등장했지만, 온도를 10도 이하로 유지해서 부패의 원인이 되는 미생물의 활동을 낮추는 것을 목적으로 했을 뿐 냉동 기능은 아직 미비한 단계였다.

세 번째 전환점은 제2차 세계대전이었다. 미국은 전쟁 중 군대에서 쓸 식량으로 냉동식품을 대량으로 비축하였다. 전후에는 비축해 두었던 냉동식품을 외부로 방출하여 일시적으로 냉동식품 붐이 일어났다. 그러나 냉동 운송, 냉동 창고, 냉동 진열장 등이 갖춰져 있지 않았기 때문에 품질을 유지하지 못해 냉동식품의 생산은 이내 줄어들었다.

이 때문에 1948년부터 1958년까지 미국 농무부 농업연구청과 과학자, 냉동기술자가 협력하여 T-TT(냉동식품의 시간, 온도와 허용 한계)에 대한 연구를 진행하였고, 화씨 0도(섭씨 영하 18도) 이하로 식품을 관리하면 대부분의 식품을 1년 동안 보존할 수 있다는 것을 밝혀냈다. 그 결과 대량으로 재배한 채소와 과일, 미리 잡아둔 생선과 가축 등을 장기간 보존한 뒤에도 적당한 시기에 팔 수 있게 되었다. 미국에서 냉동식품은 미래의 식품으로 각광받았고 본격적인 냉동 시대의 서막이 열렸다.

전 세계를 연결한 콜드 체인

식자재의 콜드 체인(저온 유통 기구)이 전 세계를 연결하자, 당연히 냉장고에 냉동고를 더할 필요가 생겼다. 그 결과 2도어식 냉동·냉장고가 보급되었다. 오늘날 냉장고는 더욱더 진화하여 채소실이 독립되어 있는 3도어나 제빙 칸을 갖춘 4도어 냉장도도 등장하였다.

오랜 세월, 인간에 의한 자연 파괴를 막아주던 것은 역설적이게도 식자재가 썩는다는 사실이었다. 그러나 냉동 기술이 빠르게 발전하면서 자연 파괴를 막던 제어가 풀어졌다. 자연은 보다 난폭하게 포획되기 시작했다. 인간의 식생활이 풍요로워지며 포식의 시대가 온 것이다. 이는 동시에 농업, 어업, 목축업의 모습이 혁명적으로 변화한 것을 의미했다. 식자재 생산의 급증은 자연 파괴의 가속화에 다름 아니었다. 균형 감각을 잃은 인류가 자기도 모르는 사이에 그들의 생존 기반인 지구 환경을 파괴하게 된 것이다.

자연의 신음소리에도 불구하고, 가정용 냉장고, 냉동식품 공장, 냉장·냉동선, 거대한 냉장창고와 냉동고, 각 업소의 냉장 진열장을 연결한 체계가 미국을 중심으로 20세기 말에 급속하게 정비되었다. 생산 현장에서 식탁까지의 유통 경로를 저온으로 관리하는 이른바 콜드 체인의 형성이었다.

세계로 퍼진
인스턴트식품

인스턴트로 즐기게 된 라면과 커피

사람들은 분주한 도시 생활 속에서 부담 없이 먹을 수 있는 간편한 음식을 찾게 되었다. 그러면서 인스턴트커피, 인스턴트 라면 같은 건조식품과, 조리 가공한 식품을 포장하여 데우기만 하면 먹을 수 있는 레토르트 식품이 등장했다. 건조식품은 건조 과정에서 채소, 고기, 과일, 생선 등의 무게를 5분의 1, 용적을 2분의 1로 줄이는 것이 가능했고, 미생물의 활동도 억제할 수 있었다. 미생물은 수분이 없는 곳에서 자라지 못한다는 성질을 이용한 것이다. 그러나 먹기 전에 물을 부어 원래 상태로 돌려놔야 하는 수고로움은 있다.

인스턴트식품의 대표로 인스턴트 라면을 들 수 있다. 라면 중에서도 컵라면은 물을 넣어 끓이는 과정을 없애고, 물을 붓고 3분만 기다리면 먹을 수 있는 매우 간편한 식사 대용품이었다. 면류는 원래도 오래 보관할 수 있는 식품이었지만, 인스턴트 라면은 기름에 튀긴 면과 분말 수프를 함께 넣은 것이 핵심이다. 이 아이디어는 1958년 닛신식품의 창업주 안도 모모후쿠가 어린 시절 겪었던 가난을 떠올리며 사람들의 배고픔을 해소할 방법을 찾기 위해 구호품이던 밀가루를 활용한 새로운 면 요리를 만들려고 한 데서 출발했다. 그는 한동안 실패를 거듭하다가 튀김이 든 면 요리인 덴푸라소바에서 착안하여 간을 한 면을 기름으로 튀겨 건조하는 방법을 착안했다. 이것이 가장 오래된 인스턴트 라면인 닛신 치킨 라면의 시작이다. 치킨 라면은 그 맛과 편리함 때문에 출시하자마자 큰 인기를 끌었고, 출시한 그해에만 무려 1,300만 봉지가 팔려나갔다.

안도는 인스턴트 라면의 제조법을 국내외 업체가 자유롭게 사용할 수 있도록 특허를 독점하지 않았다. 전후에 상황이 어렵긴 마찬가지였던 한국에서도 일본의 묘조식품에서 제조법을 전수받아 1963년 삼양식품에서 최초의 인스턴트 라면을 출시했다. 그러나 한국에서는 처음에 일본 라면의 담백한 맛을 좋아하지 않아 큰 인기를 끌지 못했다. 그러다 판매 허가를 위해 청와대에서 당시 대통령이었던 박정희에게 선보였는데, 한국인은 매운맛을 좋아하니 고춧가루를 넣으면 좋겠다고 언급했다고 한다. 맛이 개선되고 한국의 경제 사정이 나아지면서 라면은 점차 인기를 끌게 되었고, 오늘날 한국은 전 세계에서

라면을 가장 많이 소비하는 나라가 되었다.

1971년에는 진공 상태에서 동결 건조시키는 기술을 활용한 닛신식품의 컵누들(Cup noodle)이 출시되며 일회용 용기에 든 컵라면이 인스턴트 라면의 주류로 떠올랐다. 동결 건조 기술은 식품에 미리 간을 하고 가열 등의 처리를 한 뒤, 영하 30도의 온도에서 급속 냉동을 하여 압축한 후 진공 상태로 건조시키는 것이다. 컵라면은 안도 모모후쿠가 치킨 라면을 미국에 팔려고 시음회를 하다 인스턴트 라면을 잘게 잘라 종이컵에 넣어 뜨거운 물을 부어 먹는 데에서 아이디어를 얻은 것이라고 한다. 컵라면은 인스턴트 라면의 국제화를 가져오는 계기가 되었다.

인스턴트커피는 1889년, 미국 시카고에서 일하던 일본계 과학자 가토 사토리가 인스턴트 녹차를 만드는 연구를 하던 도중, 커피 추출액을 건조하는 기술을 개발하게 되어 세상에 나왔다. 가토는 1901년 뉴욕의 한 박람회에서 자신의 발명품을 선보이면서 녹는 커피(soluble coffee)라고 소개했다. 이후 1938년 네슬레사가 네스카페(Nescafe)라는 상품명으로 인스턴트커피를 대량 생산하게 되면서 전 세계에 빠르게 보급되었다.

레토르트 식품과 아폴로 11호

통조림에서 진일보한 형태의 보존 식품이 레토르트 식품이다.

레토르트는 원래 밀봉한 식품을 넣어 고압으로 가열 살균하는 솥 (retort) 자체를 뜻했다. 그러다 솥에 넣어 살균한다는 의미로 확장되었다. 넓은 의미로는 통조림도 레토르트 살균된 식품의 한 종류이다.

레토르트 식품은 원래 군용 전투식량으로 개발된 것이었다. 통조림을 군용 식량으로 삼기에는 무겁기도 하고 다 먹은 다음에 버린 깡통이 발견될 우려에다 단조로운 메뉴까지 단점이 너무 많았다. 전쟁의 규모가 커지면서 수많은 병사가 참전하게 된 세계대전 이후에 특히 식량 용기와 메뉴를 개선할 필요가 커졌다. 기업에게도 군대는 연간 수백만 명의 식량을 조달할 수 있는 중요한 거래처였다. 개선은 급물살을 탔다.

봉지를 사용하는 레토르트 식품은 통조림과 마찬가지로 상온에서 유통할 수 있으면서도 부피가 작아 가볍고 휴대성이 좋았다. 게다가 따개 없이 손으로 연 다음 봉지째로 가열할 수 있어 매우 편했다. 최근의 레토르트 식품은 합성수지 필름이나 알루미늄 포일 등을 붙여 빛이 통과하지 않는 봉지나 파우치 형태의 성형 용기를 주로 사용한다.

레토르트 식품은 1950년대의 미국 육군 소속 연구기관에서 연구를 시작한 것이다. 실용화에 성공한 다음인 1969년에는 인류 역사상 처음으로 달 표면에 착륙한 아폴로 11호의 우주 식량으로도 쓰였다.

전자레인지가 보급된 이후에는 가열만 하면 간단하게 먹을 수 있는 간편식으로 더욱 인기를 끌었다. 1970년대 이후에는 포장 재료인 플라스틱 가공 기술이 발달하고, 자동 포장기가 개발되는 등 그 가능성이 더욱 넓어졌다. 최근에는 무균 즉석 밥이 나오는 등 종류도 매우 다양화되었다.

03
식탁 위의
유통 혁명

체인스토어에서 슈퍼마켓으로

오늘날은 도시에 사는 중산층이 주도하는 대량 생산, 대량 유통의 시대이다. 도시인을 위한 거대 유통업체인 백화점은 1852년에 파리에 세워진 봉 마르셰가 기원으로, 이후 주요 도시에 속속 들어서면서 도시를 대표하는 얼굴이 되었다. 백화점은 도시 생활이 낳은 합리적이고 편리한 시스템이었다.

제1차 세계대전 이후, 포드사가 대중을 겨냥해 대량으로 양산한 값싼 모델 T 자동차가 미국의 농촌 생활을 크게 바꿔놓았다. 아일랜드 이민자의 아들로 태어난 헨리 포드는 자동차가 드넓은 미국 땅에서 말을 대신할 운송수단이 될 것을 확신했다. 포드의 바람대로 자동

1852년 프랑스 파리에 문을 연 봉 마르셰 백화점

차를 구매한 많은 이들은 가솔린으로 움직이는 말을 조종하는 유목민으로 변신했고, 자유롭게 여기저기 이동할 수 있게 되었다.

1920년대 미국 경제는 거침없이 성장했고, 자동차와 가정용 전자 제품, 영화와 라디오 같은 대중매체의 발달로 대표되는 대중 소비사회라는 새로운 생활양식이 만들어졌다. 미국의 대도시마다 들어선 백화점은 다양한 종류의 식품이 넘쳐흐르는 곳이었고, 사람들로 연일 북적였다. 1929년에 백화점의 총 판매액은 40억 달러를 넘었고 소매 총액의 9%를 차지했다.

한편 지방의 중소도시에서는 동일한 물건을 파는 똑같은 모습의 소매점을 각지에 두고, 중앙에서 통제하며 경영하는 체인스토어

(chain store, 연쇄점 혹은 체인점)가 등장하여 급속도로 유통망을 장악했다. 1920년대는 대규모 체인스토어가 연이어 등장한 체인스토어의 시대라 해도 과언이 아니었고, 그곳을 통해 미국식 생활(American way of life)이 연출되었다. 인구가 많은 지역 위주로 점포를 점차 늘리고, 본사가 대량 매입한 상품을 저렴한 가격에 판매하면서 효율성을 추구한 체인스토어는 전통적인 소매점을 금세 몰아내었다. 농촌에서도 대도시와 마찬가지로 쾌적한 생활이 가능해진다는 선전에 사람들의 마음이 움직인 탓일지도 모르겠다. 마침 자동차가 보급되면서 농촌지역의 체인스토어 확산에 기여한 측면도 크다.

체인스토어는 철저한 저가 전략으로 큰 수익을 올렸다. 예를 들어 뉴욕주의 시골 마을에서 시작한 울워스(Woolworth)는 붉은색과 금색으로 장식된 쇼윈도에 일용품을 늘어놓고 판매해 큰 성공을 거두었다. 점포 수는 나날이 늘어 1900년에 59개였던 것이 1920년에는 111개가 되었다. 그 사이인 1913년에는 현금만으로 뉴욕 맨해튼 한복판에 높이 222m에 이르는 빌딩을 세울 정도였다.

1920년대에는 800개가 넘는 체인스토어가 등장해 치열하게 경쟁하였다. 그리고 대공황이 발생한 이듬해인 1930년이 되자, 회전문을 열고 들어온 고객이 진열대를 한 바퀴 돌아 상품을 고르고 나서 출구로 이동해 지불을 하는 점포, 즉 슈퍼마켓이 뉴욕의 퀸즈에 등장했다.

체인스토어의 저가 전쟁은 소매점과 제조업자 사이의 대립을 격화시켰고, 1929년의 대공황은 여기에 불을 붙였다. 각 지역에서 반체

1951년 울워스 매장이 있는 시드니 맨리의 거리

인스토어 운동이 고양되었고, 1933년 무렵에는 28개 주에서 689개에 달하는 반체인스토어 법안이 제출되었다. 법안의 주된 내용은 점포 수 제한과 판매액에 따른 누진세에 관한 것이었다. 이미 여러 주에 걸쳐 많은 점포를 연 체인스토어는 심각한 경영 위기 상황에 직면하게 되었다. 물론 체인스토어 본사도 대항책으로 점포 한 개의 규모를 확대하여 점포 수 제한에 맞섰고, 슈퍼마켓의 운영 방식을 도입하여 인건비 절감에 나섰다. 1930년대 이후에 슈퍼마켓이 급속도로 보급된 이유는 이 때문이었다.

제2차 세계대전이 끝나고 전 세계에 콜드 체인이 형성된 이후로 슈퍼마켓은 아름답게 장식된 큰 식량 창고로 모습을 바꾸었다. 슈퍼마켓 진열대에 놓인 세계 각지로부터 온 식품은 소비자의 선택을 받아 각 가정의 냉장고에 저장되었다. 눈에 보이지 않는 거대한 장치에 의해 세계 각지로부터 모인 식자재가 식탁에 분배되는 것이다.

전자레인지가 바꿔놓은 가족

어느 날 미국의 군수기업 레이시온(Raytheon)의 레이더 설치 기사였던 퍼시 스펜서가 그때까지 통신 분야에서 사용하던 마이크로파를 음식을 데우는 데 이용할 생각을 하게 되었다. 일을 하다가 주머니에 넣어 둔 초콜릿이 녹아 있는 것을 본 것이다. 그렇게 그가 근무하던 레이시온사는 1947년에 처음으로 업무용 전자레인지를 발매하게 된다.

그러나 최초의 전자레인지는 높이가 거의 180cm에 달하는 크기였다. 일반 가정용 전자레인지를 발매하게 된 것은 1965년의 일이었다. 처음에는 만능 조리기였지만, 냉동·냉장식품과 인스턴트식품이 장악하게 된 시대 변화에 맞춰서 음식을 해동하고 데우는 기능에 특화한 조리기구로 모습을 바꾸었다. 1980년대 이후에 전자레인지의 가격이 낮아지고, 전자레인지용 식품이 보급되면서 냉장고와 함께 각 가정의 필수품이 되었다. 전자레인지가 보급되면서 반조리된 가공식품이 대량으로 가정에 들어오는 길이 열렸다. 그렇게 요리 과정의 상당 부분이 가정에서 식품 기업의 손으로 넘어가게 되었다.

거대 식품 기업이 양산한 플라스틱 용기에 포장된 반조리 식품이

다채로워지면서, 먹고 싶을 때면 언제나 간단히 혼자 식사할 수 있는 시대가 되었다. 국과 밥, 반찬 모두 편의점에서 사먹을 수 있으니 말이다. 전자레인지로 해동하고 가열하면 음식이 완성되었다. 가족은 이제 함께 식사하기보다는 편할 때 각자 따로 식사하는 경향이 늘었다. 가족의 유대감을 유지시켜 주던 식사의 형태가 변하자 가족이라는 형식 그 자체도 급속도로 무너지기 시작했다. '한솥밥을 먹는다'는 말이 있듯이 밥을 같이 먹는다는 것은 인간관계와 신뢰의 기반이었다. 하지만 요리라는 공동 작업은 전자레인지로 인하여 쇠퇴하였고, 혼자 밥을 먹게 된 인간은 고립되었다. 인류가 키워온 식탁이라는 무대는 그 위상이 흔들리게 된 것이다.

다이어트와
기아

포식의 시대

부유한 선진 공업국의 도시에는 방대한 양의 음식이 흘러넘치게 되었고, 인류는 포식의 시대로 빨려 들어갔다. 지구상의 모든 식품은 냉동되어 부유한 지역으로 집중되는 시스템이 만들어졌다.

포식이 가능해진 선진 공업국에서는 전통적으로 음식의 양념이나 커피나 홍차에 넣는 감미료로 설탕을 넣던 것에서 벗어나, 식품 기업이 소비자의 눈에 보이지 않는 곳에서 과잉 첨가한 설탕 범벅의 식품을 먹게 되었다. 설탕은 청량음료, 간식 과자, 케이크, 아이스크림, 패스트푸드 등의 가공식품에 널리 쓰이게 되었고, 연간 생산량은 쌀이나 보리를 능가할 정도가 되었다. 과유불급이라는 말이 있다. 액체 캔디라고 해도 과언이 아닐 정도인 청량음료를 즐기는 젊은 층은 비만에, 장년층은 성인병과 당뇨병에 시달리게 되었다.

이를 해결하기 위해 사회적으로 다이어트가 유행했다. 과잉 첨가된 설탕이 건강을 위협하지만 자동차, 엘리베이터, 에스컬레이터를 이용하면서 현대인이 걸을 일은 점점 더 적어졌다. 20세기 이전에는 종교적 이유로 단식이나 채식을 하곤 했지만 살을 빼기 위해서 식사량을 조절하지는 않았다. 인간에게 다이어트(diet)는 원래 질병을 위한 치료나 잘못에 대한 처벌을 의미했다. 먹을 것이 부족하던 시절, 만성적인 기아로 위협받던 인간에게 비만은 높은 신분과 지위를 나타내는 상징이었다. 이런 점에서 오늘날 포식의 시대는 다른 의미에서 불균형이 내재되어 있다.

심화되는 불평등

선진국과 달리 개발도상국에서는 전통적인 농촌 사회가 해체되고 도시로의 인구 유입이 지나침에 따라 각종 문제가 양산되었다. 도시에는 몰려든 인구를 감당하지 못해 거대한 슬럼가가 형성되었고, 노숙자를 비롯한 저소득층은 기아에 허덕이게 되었다. 20세기 후반에 급속도로 진행된 개발도상국의 도시화는 세계 경제의 세계화 양상과 콜드 체인의 형성 시기와 맞물리며 식량 수급에 불균형을 초래하였다.

19세기에 도시의 인구는 전체의 5% 정도였는데, 1925년이 되면 20%로 증가한다. 당시 선진국의 도시 인구 비율이 40%인 것에 비해서 개발도상국과 식민지는 9%대였다. 세계는 도시가 주인 지역과 그렇지 않은 지역으로 명확하게 나뉘어 있었다.

그런데 제2차 세계대전 이후, 유럽의 제국주의가 무너지고 아시아와 아프리카에서 신흥 독립국이 출현하자 전 세계에 도시화가 급격하게 진행되었다. 신흥 독립국에서 도시가 급격하게 커진 이유로는 농촌의 과잉 노동력이 도시로 유입된 것과 정부의 공업화 정책 추진, 경제의 세계화를 동반한 도시로의 해외 투자, 도시 내부 원인에 따른 인구 증가 등이 있다.

유엔 인구 기금(UNFPA)의 『세계인구백서』에 의하면 1990년 단계에서 선진국에서는 인구의 73%, 개발도상국에서는 37%가 도시에 거주한다고 되어 있다. 1925년과 비교하면 선진국의 도시 인구 비율이 1.8배, 개발도상국의 도시 인구 비율이 4.1배로 늘어난 수치이다. 2000년 단계에서는 인구 400만 명 이상의 거대 도시가 82개 정도가 있는데, 그중에서 61개가 개발도상국에 위치한다. 선진국에는 나머지 21개 도시만 있다. 개발도상국의 도시화가 감당하기 어려운 정도라는 것을 충분히 예상할 수 있는 수치이다.

산업혁명 당시의 도시화는 생활이 열악한 수준이긴 했지만, 어찌 되었든 고용을 동반하는 형태로 진행되었다. 그에 비해서 20세기 후반 이후의 폭발적인 도시화는 산업화 없는 도시화의 형태를 띠었다.

도시로 유입된 인구의 고용 기회는 줄어들었고 슬럼가만 커지는 결과가 두드러졌다. 로마 클럽(Club of Rome)의 리포트 『제1차 지구 혁명』에는 "멕시코의 수도 멕시코시티, 브라질의 상파울루, 나이지리아의 라고스, 이집트의 카이로, 그리고 인도의 콜카타 등 개도국의 도시 관리가 매우 열악한 수준이다. 도시의 거주자 중에는 서류상 존재하지 않은 사람이 많았고, 그들 대부분은 위생 상태가 나쁜 빈민가에 살고 있으며 정부의 눈에 닿지 않는 거리에 있다. 상하수도 시설부터 보건과 교육 서비스, 실업과 교통 문제, 공해 규제 등 도시를 관리하려면 수많은 요소를 고려해야 하는데, 전례 없이 해결하기 어려운 문제가 산적해 있다"라고 기술되어 있다. 예를 들어 인도의 콜카타를 보면 도시 인구가 20세기 초반 80만 명이었던 것이 현재 약 900만 명까지 늘어났는데, 인구의 67%는 3,000개나 되는 슬럼가에 거주하고 있고 노숙자도 50만 명을 넘는다.

오늘날 세계 인구의 약 20%에 달하는 사람들이 필요한 영양을 섭취하지 못하고 있고, 일 년에 약 1,500만 명의 사람들이 영양실조로 목숨을 잃는다. 반면 선진국의 아이들은 개발도상국 아이들의 40배가 넘는 자원을 사용해서 성장한다.

석유로 유지되는 식탁

제2차 세계대전 이후 농업 생산력은 비약적으로 증가했다. 1987년에는 세계 인구가 필요로 하는 칼로리의 19%를 웃도는 식량을 생산하였다. 그러나 통계의 대상이 된 173개국 중에서 곡물 자급률이 100%를 넘는 나라는 32개국뿐이다. 세계 1위의 곡물 수입국은 일본이고, 제2위 수입국인 멕시코의 거의 두 배 이상 되는 양을 수입하고 있다.

1950년대까지 농업 생산을 늘리려면 개간을 하여 농지를 확대하는 수밖에 없었다. 그러나 오늘날에는 인공적으로 만든 화학 비료에 의존하여 생산량을 늘린다. 밀과 옥수수 등을 매년 재배하기 위해서는 지력(地力)을 회복시킬 수 있는 비료가 필요하다. 그러나 자연에서 찾을 수 있는 비료는 한정되어 있기 때문에 화학 비료를 합성하게 되었다. 화학 비료는 제1차 세계대전 직전에 등장하였다.

프리츠 하버
(Fritz Haber, 1868~1934)

1908년에 독일의 화학자 프리츠 하버가 공기 중의 질소를 인공적으로 농축하여 암모니아로 합성할 수 있다는 이론을 발표한다. 질소의 끓는점이 탄소보다 낮다는 점을 이용하여 액체 상태의 공기에서 질소를 모아, 전기 분해로 얻은 수소와 합성하는 방법이었다. 그러나 이 방법은 500도의 고온과 1cm^2당 200kg에 달하는 고압(200기압)이 필요한 어려운 작업이었다. 독일에 본사를 둔 세계 최대의 화학 회사 바스프

(BASF)의 기사인 보슈가 이 일을 도왔다. 두 사람은 제1차 세계대전의 발발 이전인 1913년에 마침내 암모니아 합성에 성공했다. 그리고 제1차 세계대전이 터지고 나서 합성 암모니아 기술로 만든 화학 비료 황산암모늄이 대량 생산되기에 이르렀다.

황산암모늄은 토지 생산력을 효율적으로 회복시켰고, 농작물의 연작을 가능하게 했다. 이후 빠르게 수확을 늘려주는 마법의 가루로 불리며 전 세계에 보급되었다. 합성 암모니아를 만든 하버는 1918년, 보슈는 1931년에 각각 노벨 화학상을 받았다. 20세기의 농업은 황산암모늄을 비롯한 화학 비료의 도움을 받아 폭발적으로 증가하는 도시의 수요에 대응했다. 그러나 생태계를 위협하는 화학 비료에 생산을 의존하는 것은 반문해 볼 필요가 있다.

1991년에 발간된 로마 클럽의 리포트 『제1차 지구 혁명』에서는 "질소 비료 1톤을 제조하기 위해서는 1톤의 석유 또는 그에 해당하는 양의 천연가스가 필요하다. 석유는 제초제나 살충제를 만들고, 농기계나 관개 펌프를 움직이게 하는 용도로도 필요하다. 1950년부터 1986년까지 일인당 평균 비료 소비량은 5kg에서 26kg으로 대폭 증가하였다. 동시에 일인당 농지 소유 면적은 0.24헥타르(2,400㎡)에서 0.15헥타르(1,500㎡)로 줄었다. 바꿔 말하자면 전 세계 식량 생산량이 증가한다는 건 점점 더 많은 석유를 필요로 한다는 것이다"라고 기술한다.

여기에서 알 수 있듯이, 석유나 천연가스를 이용해 만든 화학 비료가 없으면 논밭의 생산력이 유지될 수 없고, 현재 60억 명이 넘는 인류를 먹여 살리는 일은 불가능하다. 곡물을 비롯하여 식탁에 놓이는 많은 식자재는 어느 사이엔가 석유에 의존하게 되었고, 있는 그대로의 자연과는 점점 멀어지게 되었다.

식탁을 지배하는 제2의 자연

단백질 공급원도 모습을 바꿨다. 19세기 이래 육우나 브로일러 닭을 대량으로 사육하게 되었고, 20세기 말에는 어류의 양식도 빠르게 진행되었다. 온전히 자연에 의지했던 물고기조차 어느새 인공적으로 생산하는 식자재가 되었다. 이제 식탁은 인간이 만들어낸 식자재로 가득 채워질 정도로 변했다. 자연의 풍부한 재생력에 의존하던 인류의 식생활은 20세기 후반 이후 모습이 크게 바뀌었고, 제2의 자연이라 할 수 있는 인공 식품에 대부분을 의존하는 시대가 되었다.

그런데 인류는 정말로 제2의 자연을 유지하는 것이 가능할까? 육우의 BSE(Bovine Spongiform Encephalopathy, 프리온 단백질이 원인이 되는 소의 뇌병증으로, 광우병이라고도 한다-역주) 문제, 조류 인플루엔자에 위협받는 닭고기는 제2의 자연에 의존하게 된 식생활의 미래와 관련하여 그 위험성과 가혹한 현실을 보여준다.

물고기 양식을 하는 경향이 뚜렷해지면서, 어획량은 1970년대와 비교해 두 배가 증가했다. 냉동한 생선을 전 세계의 콜드 체인을 통해 여러 지역에 판매할 수 있기 때문에 어류는 남획이 심각한 문제로 대두되었다.

양식 자체도 문제이다. 1970년대 초반만 하더라도 자연산 물고기가 식탁에 주로 올랐지만, 현재는 다시마 등의 조류는 약 90%, 해산물은 30%가 양식으로 생산된다. 양식에 필요한 사료를 조달하는 문제와 양식 환경의 악화라는 문제가 도사리고 있지만, 전 세계적으로 양식은 급격하게 증가하는 추세이다.

현재 세계에서 가장 많이 양식되는 어종은 연어와 송어이다. 1980년대에는 남반구에서 크릴새우를 사료로 이용한 연어 양식이, 1990년대가 되면 노르웨이, 스코틀랜드, 칠레, 뉴질랜드, 태즈메이니아 등에서 콜드 체인을 이용해 출하되는 수출용 연어와 송어의 대량 양식이 시작되었다. 2001년에 유통된 연어와 송어는 3분의 2가 양식이었다.

연어는 하나의 사육장에 수만 마리를 넣어 집약적으로 양식한다. 그래서 씨 라이스(Sea lice)라 불리는 초소형 해파리가 기생하기 쉽고, 이를 제거하기 위해 수십 가지의 약품을 투여해야 한다. 또한 낮은 가격을 유지하기 위해 고농도의 사료를 사용한다. 어육을 선명하게 물들이기 위한 화학 물질의 투여도 필수이다. 어업의 공업화와 양식을 통한 대량 생산은 인간의 건강을 위협하는 한편, 그 규모가 지속적으로 커지는 양상이다. 최근 들어 스페인, 크로아티아, 이탈리아, 오스트레일리아, 일본 등지에서는 양식이 어렵다고 봤던 참치에 대한 양식도 시작되었다.

우리의 식탁은 오랜 세월에 걸쳐 형성된 전 세계의 다양한 음식 문화가 교류하는 작은 무대이다. 또한 지구의 현재 상태와 인류 사회의 미래를 비추는 거울이기도 하다. 매일 올라오는 여러 식자재와 요리를 보면서 인류의 발자취를 느낄 수 있는 것이다.

민속학자인 야나기타 쿠니오(柳田國男)는 역사 속에서 찾을 수 있는, 실생활에 도움이 되는 지혜를 중시하여 이를 사심(史心)이라고 불렀다. 다소 낯선 표현이기는 하지만, 우리 주변에 존재하는 사물이나 사회 체계에서 일어나는 변화를 알아차리는 감각을 의미한다. 바꿔 말하자면 인간 생활을 구성하는 모든 사물과 체계는 조금씩 변화해 가고 있는데, 역사를 이해하면 그 양상을 느낄 수 있다는 것이다. 과거로부터 이어지는 오늘날의 변화를 이해하는 순간, 이 변화가 현재를 넘어 미래로 이어질 것임을 알게 되고 그 방향성도 예측할 수 있다.

식탁을 극장으로 비유하고 식자재나 요리를 통해 세계사를 설명하고자 했던 이유는 그러한 변화의 양상을 살펴볼 만한 소재가 많이 있다고 생각했기 때문이다. 이 책은 문명의 탄생과 문화 간 교류, 그리고 그 변화 과정을 거시적인 틀에서 벗어나 식생활이라는 보다 미시적인 관점에서 접근하였다. 우리가 매일 앉는 식탁은 지적인 모험을 떠나게 하는 보물 창고이기 때문이다.

대부분 역사책은 과거의 정치, 경제, 사회를 알고자 한다. 그러나 실제로 과거로 떠날 수 있는 입구는 없다. 우리는 현재와 가까운 미래를 살 뿐이라는 것은 누구나 다 아는 사실이다. 그렇다면 과거에 쓰인 문헌 연구가 아니라 지금까지 이어져 온 사물이나 체계, 관습을 역사 이해의 도구로 활용할 수 있지 않을까.

매일 식탁 위에 놓이는 식자재와 요리는 우리 눈에 보이지 않는 시공간을 이동해 왔고, 저마다의 변화 양상을 숨기고 있다. 식탁 위에서는 매일같이 문명 간의 거대한 교류가 이어지고 있고, 눈이 돌아갈 정도로 빠르게 변하는 지금 이 순간의 세계를 재현한다. 달리 보면 식탁은 마법처럼 작은 대극장으로 다시 태어날 수 있다. 말이 없는 식자재와 요리에 역사 속 뒷이야기가 숨겨져 있다는 사실을 눈치챘다면, 평범한 우리의 일상도 다채로운 색으로 채워지지 않을까.

미야자키 마사카츠

처음읽는
음식의세계사

초판 22쇄 발행 2023년 2월 8일
개정판 1쇄 발행 2023년 6월 26일
개정판 5쇄 발행 2024년 8월 12일

저자 미야자키 마사카츠
역자 한세희

펴낸이 이효원
편집인 고준
마케팅 추미경
디자인 별을 잡는 그물 양미정(표지), 기린(본문)
펴낸곳 탐나는책
출판등록 2015년 10월 12일 제 2021 - 000142호
주소 경기도 고양시 덕양구 삼송로 222, 101동 305호(삼송동, 현대혜리엇)
전화 070-8279-7311 **팩스** 02-6008-0834
전자우편 tcbook@naver.com

ISBN 979-11-93130-04-9 (03900)